苦悶する中央銀行

金融政策の意図せざる結果

Monetary Policy and Its Unintended Consequences

Raghuram Rajan
ラグラム・ラジャン
北村礼子［訳］
小林慶一郎［解説］

慶應義塾大学出版会

MONETARY POLICY AND ITS UNINTENDED CONSEQUENCES
by Raghuram Rajan

Japanese translation published by arrangement with The MIT Press
through The English Agency (Japan) Ltd.

目次

凡例
・訳注は〔　〕の中に入れ、本文中に示した。

はじめに

金融政策と意図せざる結果

カール・ブルナーは金融経済学の大家であり、多くの組織の立ち上げに寄与した。「影の公開市場委員会」という有識者の組織を設立し、「ジャーナル・オブ・マネー・クレディット・アンド・バンキング」や「ジャーナル・オブ・マネタリー・エコノミクス」といった金融学術誌を発刊した。中央銀行の慣行に対しても批判的だった。それゆえ私がスイス国立銀行から二〇一九年のカール・ブルナー講演会の講師の依頼を受けたとき、話したいことは決まっていた。すなわち、金融政策の意図せざる結果について、特により新たな非伝統的手法による事象を中心に語ろうと心に決めていた。

銀行と流動性に関する研究を進めるうえで、金融不安定性の問題はつねに念頭にあったが、二〇〇五年八月、私はついに実社会への影響に対する深刻な懸念を表明した。ジャクソンホール会議〔世界各国から中央銀行総裁、政治家、学者などが参加する年次の経済政策シンポジウム〕の講演でのことだ。この会議は、アラン・グリーンスパン氏が米国連邦準備制度理事会議長として参加する最後の会議という意味でも特別なものだった。晴れの場にふさわしい講演にしようと努めたが、金融システムで高まりつつあったテールリスクが気がかりで、晴れやかな話はできず、特に民間プレイヤーが低金利環境でリスクを取るというインセンティブのねじれに警鐘を鳴らした。[*1] 世界金融危機（GFC）の際にこれらのリスクは現実のものとなったが、予想が的中したところで何の慰めにもならなかった。

危機によって低迷した経済を回復させるために、中央銀行はさらに緩和的で、非伝統的ともいえる政策に乗り出したが、私は危機の主な原因、すなわち中央銀行の本来の役割が見過ごされているのではないかと危惧していた。たしかに、民間プレイヤーと市場が要求していることは明らかであったが、中央銀行当局はできること、なすべきことに、際限がなくなっているように見受けられた。様々な市場、物価、時に市場プレイヤーを支えることに積極的に介入した。市場動向や市場心理に沿った金融政策措置を取ることもあった。だが国内のインフレと実体経済に注力してはいたものの、システム上のレバレッジ、金融不安定性、他国への波及効果《スピルオーバー》といった自らの行動に伴う結果への配慮を欠いていた。

たちの悪いことに、中央銀行が手を出せば出すほど、期待されることが増し、実際に実行された。米国連邦準備制度によるあらゆる事前の介入にもかかわらず、二〇二〇年のパンデミック発生時、金融市場は依然として脆弱だった。FRBは（皮肉にも発生当時は百年に一度の出来事と言われていた）世界金融危機のために整備した政策ツールキットを再び持ち出したうえに、新たな措置を追加した。目下、パンデミックに対する異例の財政対応もあり、インフレが頭をもたげはじめている。政策金利の引き上げに不慣れであり、中央銀行がそれを課すとは市場もとうてい信じていない経済環境で、中央銀行はインフレと闘わなければならない状況に直面している。

こうしたことのすべての行く末は定かではない。この序文を書いている最中にも、米国では二行の中堅銀行が破綻し、すべての預金者が暗に政府に保護され、ＦＲＢは適格な証券を額面金額で担保として受け入れることに同意した。そしてある大手銀行が政府保証を受けてヨーロッパで強制的に合併された。現在、まさに混乱のさなかであることはさておき、本書の主題は、金融における冒険主義は、期待どおりの万能薬になることはめったになく、しばしば意図せざる結果を及ぼすということである。したがって中央銀行当局には、保守的で平凡な通常業務に戻るよう、あらゆる経済問題に対する答えを自分たちが持っていると思い込まないよう願うばかりだ。この主張には、カール・ブルナー氏も賛同してくれることだろう。

本書の第１章は、私がインド準備銀行総裁に就任する数ヵ月前の二〇一三年六月に国際決済銀行（ＢＩＳ）総会で行ったアンドリュー・クロケット記念講演での演説に少々手を加えたものである。二〇一三年五月、バーナンキＦＲＢ議長は量的緩和策を段階的に縮小すると発表した。この発表により、新興市場からの急速な資本逃避が引き起こされた。インドもこの「テーパータントラム」（縮小に伴う市場の癇癪）を被った国の一つで、私は財務省に在籍しており対応を補佐していた。アンドリュー・クロケット記念講演では、世界金融危機後に非伝統的金融政策が採用された諸事情を概説した。私は、根本的な問題は循環的《シクリカル》な景気変動というよりも構造的なものであり、金融政策による解決策の範疇を超えているのではないか、すなわちラリー・サマーズが後に「長期停滞」と称した状態の一種ではないかと懸念していた。しかしながら、中央銀行当局はこぞって突破口をこじ開けようとした。その結果、世界中の新興市場で国境を越えて有害な波及効果《スピルオーバー》が発生した。

第2章は、二〇一八年に国際通貨基金（IMF）で行ったマンデル・フレミングの講演を改編したもので、金融政策の波及効果《スピルオーバー》がどのようにしてレバレッジ、にわか景気、そして最終的に資本流入国における破綻を引き起こす可能性があるかを説明するモデルを概説する。それは主にコーポレート・ファイナンスのモデルであり、資本フローと為替レートの変動の役割を踏まえて再解釈したものである。

中核国の金融政策が、周縁諸国に選択の余地もなければ利益にもならない形で影響を及ぼすことが多々あることを知らしめたうえで、第3章では、中核国の金融政策を制約するためにどのようなルールが必要か。そして、これらのルールの合意を形成するにはどのような研究と議論が必要とされ得るか、そろそろ考えはじめる時期ではないかと提案する。第3章は、世界中の組織を通じて長年の付き合いであるＩＭＦのプラチ・ミシュラ氏との共著論文を編集したものである。国際的な摩擦が増大しているこの時期に、国際的なルールを提案するのは無謀に思われるかもしれない。しかし、他国の思惑に疑惑が渦巻いている今こそ、新たな国際金融ゲームのルールを議論し始めるのにふさわしい時期ともいえよう。結局のところ、第二次世界大戦後の世界秩序に組み込まれたルールも、国家間の不信感、世界大戦によって生じた不信感、そして各国を席巻した戦前の近隣窮乏化政策に基づく経済戦略を払拭するのに必要不可欠だったのだから。むろん今では大戦直後の米国のように強大な力を持ってして対立する勢力をまとめられる覇権国は存在しないが、何とかしなくてはなるまい。

第4章は、二〇二一年にケイトー研究所の年次金融会議で行った講演に少々手を加えたものである。十年近くの時を経て、最初の章で扱った問題に立ち返る。我ながらあくまでも頑なに、正論を貫こうとしているのかのようだ。いずれにせよ、金融政策は、一般的なアクションと同様に、節度を保ちながら、政策の意図せざる結果に慎重に向き合いながら運営されるのが最善であるというのが、私の一貫した信念である。

本書の締めくくりでは、最近の動向に基づいた最新情報を扱い、これまで焦点を当ててきた中央銀行の使命《マンデート》についての主張を再考する。すなわち、金融安定性に目を光らせながら高インフレと闘うということである。

本書の執筆にあたっては、国際決済銀行のクラウディオ・ボリオとヒョン・ソンシン、そして元同僚のアンドリュー・クロケットやビル・ホワイトらの業績が大変参考になった。ロンドン・ビジネス・スクールのヘレン・レイとは、金融サイクルの影響についてともに頭を悩ませた仲だが、彼女の研究からも学ぶことが多々あった。[*2]

本書を上梓することができたのは、多くの方々の協力のおかげである。全編の土台となる研究に携わった、長年の共著者であるヴィラル・アチャリア、ダグラス・ダイアモンド、ユンジ・フ、プラチ・ミシュラに謝意を表する。妻のラディカ・プリは、日頃から私の原稿のすべてに目を通してコメントし、論旨の推敲に貢献してくれている。このことをはじめ、何かと世話になっている妻には感謝してもしきれない。二〇一九年のカール・ブルナー講演に招待してくれたスイス国立銀行頭取のトーマス・ジョーダン、そして本書のまとめと原稿の校正を手がけてくれたニコラス・クシュ゠クルティとルーカス・フェルミーに感謝の意を表したい。最後に、MITプレスの編集者ローラ・キーラーに感謝する。

第1章

暗闇への一歩

——危機後の非伝統的な金融政策

本章では、二〇一三年六月に国際決済銀行（BIS）で行われたアンドリュー・クロケット記念講演での開会講演を少々改訂したものをベースに、世界金融危機後に先進諸国の金融政策がたどった道筋に私が抱いていた懸念を示す。そもそも、先進諸国は間違った手法で自国内の不均等発展の問題を解決しようとしていた。本来であれば、テクノロジーの変化によって一部のセクター、地域、業種の経済が弱体化したのに伴い、取り残されたグループやコミュニティを向上させ、変わりゆく経済に十分に参加できる機会を与えることを目的とした構造改革に取り組むことこそが正しいアプローチであったろう。しかし、先進諸国は主に金融的手段による景気刺激に注力した。その結果、これまで以上に積極的な金融政策が行われ、意図せざる深刻な結果を及ぼしかねない事態に陥るのではないかと、私は懸念していた。とりわけ、経済が緩和的な金融政策に依存するようになった時点から、どのように元に戻すかが問題であった。

アンドリュー・クロケットは一九九四年から二〇〇三年までBISの総支配人を務め、二〇〇一年に「金融政策と金融安定性」と題した講演で、以下のように主張した。[*1]

「自由化された金融システムに、インフレ対策のみの金融ルールに基づく法令を組み合わせても、金融安定性を十分に確保することはできない。たしかにインフレはしばしば金融の不安定性の原因となるが（中略）その逆が必ずしも真というわけではない。物価安定の回復が過剰な楽観主義の温床となった例は数多くある。」

同氏はこう続けている。

「では、インフレの解消だけでは金融安定性を確保するのに十分ではない場合、そうした事例の発生を抑止するにはどうすればよいのだろうか。もちろん、答えはプルーデンス規制である。しかし、プルーデンス規制のツール自体が、信用と資産価格のサイクルから独立したものではないというリスク認識に基づくものである。プルーデンス規制が担保評価や自己資本充実度などに依存し、資産評価が歪められた場合、金融的不均衡の発生に対する防波堤としての機能は弱まる。」

この抜粋に、我々が世界的な金融危機全体を通じて何年もかけて研究して学んだことが、アンドリュー・クロケットによって端的に集約されている。同氏の視点を用いて、「非伝統的金融政策」の一項目として中央銀行の新しい諸ツールを考察していきたい。本書では答えを提供するのではなく、読者に問いかけながら未知なことの輪郭を浮き彫りにしていく。まず手始めに、米国とヨーロッパにおける最近の金融危機とソブリン危機のより根本的な原因を探ってみよう。ただし、ここでの議論はあくまでも仮説である。

危機の根源

危機の原因とその救済策については、二つの相反する説が浮上している。一つ目の、よく耳にする分析は、危機前の多額の債務の蓄積により需要が崩壊したという説である。支出性向が最も強かった家計（および国）は、借入の上限に達してしまった。ゆえに、成長を回復させるためには、それ以外の国・政府・議会の支出を奨励しなくてはならない。すなわち、経常黒字国は黒字を削減し、まだ借入の余裕がある政府は財政赤字を拡大し、倹約家計には最低金利での貯蓄を控えさせるべきである。このような状況では、少なくとも短期的には無謀な予算が望ましい。中期的に、成長が再び回復すれば、債務を返済し、金融部門を抑制して世界に新たな危機をもたらさないようにできる。

しかし、二つ目の説では、先進諸国の実体経済の成長力はここ数十年にわたり低下し続けていたのだが、しばらくは債務に支えられた需要によって見えなくなっていた、とされてきた。更に需要を増やし、あるいは新興諸国の市場に無謀な支出を求めたりしても、持続可能な成長軌道に復帰する見込みはない。したがって民主主義の先進諸国は成長のための環境を改善しなくてはならない。

一つ目の説は、ケインジアンの通説を債務危機に応用したものである。この説は政府高官や中央銀行当局、さらにはウォール街のエコノミストにも馴染み深いものであり、詳しく説明するまでもないだろう。個人的な見解では、二つ目の説のほうが、我々の時代をむしばんでいる闇について、より深く説得力のある見方を示しているように思われる。よって具体的に掘り下げていこう。[*2]

一九五〇年代と六〇年代は、西側諸国と日本の高度成長期であった。これには戦争の破壊からの復興をはじめとする多くの要因があった。一九三〇年代の保護主義以来の貿易の復活。電力、輸送、通信における新技術の国境を越えた発達。教育の普及。これらすべてが先進諸国の追い風となった。しかし、タイラー・コーエンが著書『大停滞』で主張しているように、手の届く範囲に実っていた果実を採り尽くしてしまった一九七〇年代以降、成長はがぜん困難になった。[*3]

しかしその一方で、ヴォルフガング・シュトレークが「ニュー・レフト・レビュー」誌の二〇一一年の記事で端的に指摘しているように、イノベーションと成長が永遠に続くかのように思えた一九六〇年代に、民主主義諸国の政府は将来の成長の果実を当てにして福祉国家拡大を国民に早ばやと公約してしまった。[*4] それゆえ、その後成長が鈍化すると、政府財源が縮小する一方で、政府支出が拡大することとなった。中央銀行はしばらくの間その支出を受け入れた。その結果として生じた高水準のインフレーションは、ほとんど成長を伴わなかったため、幅広い不満を招いた。高インフレによって公的債務の水準は低下したものの、ケインズ的な経済刺激策への信頼は薄れた。

中央銀行は、低く安定したインフレを最優先課題とし始め、次第に政治権力からの独立性を高めていった。しかし、政府の財政赤字支出は加速し続け、先進諸国の国内総生産（GDP）に占める公的債務の割合は一九七〇年代後半から着実に上昇したが、この時はGDPの実質価値を減少させる予想外のインフレの恩恵はなかった。

新たな成長の源を見いだす必要性を認識し、米国はジミー・カーター政権の終わりからロナルド・レーガン政権にかけて、産業と金融部門の規制を緩和し、マーガレット・サッチャー政権下の英国でも同様の措置がとられた。両国では競争とイノベーションが大幅に増加した。より自由な貿易と新しいテクノロジーの導入により、コンサルティングなどの非定型業務に従事する高度なスキルと才能を持ちあわせた高学歴の労働者の需要と収入が増加した。その一方で、それまで未熟でそれなりの学歴の人材に任されていた収入のよい定型業務的な仕事は、自動化されるか外部委託された。つまり、所得格差が生じたのは必ずしも富裕層に有利な政策のせいではなく、経済の自由化がそれを活用できる人々に有利に働いたからなのである。先進諸国の多くのコミュニティ、特に廃業した数社の大手製造業に依存していたコミュニティは、新たな成長に参入できず途方に暮れた。

取り残された人々の不安に対応すべく、政府はその場しのぎに信用貸付を緩和した。規制や監督による制約がほぼ無いに等しい状況下、絶好の機会なのだから民間のインセンティブを最優先すべきであるという大義名分もあり、金融システムは非常に低い政策金利を追い風に下位中産階級の借り手に、リスクの高い住宅ローンや住宅担保ローンを過剰に融資した。

ヨーロッパ大陸では規制緩和はそれほど行われず、より大規模な経済統合による成長が志向された。しかし、労働者と企業を保護する代償として、成長の鈍化と失業率の上昇が生じた。格差は米国ほど拡大しなかったものの、欧州周縁国では、保護されたシステムから取り残された若者や失業者の雇用の見通しは暗澹たるものだった。

通過ユーロの出現によって、借入コストが削減され、各国がデットファイナンス〔負債による資金調達〕による支出を通じて雇用を創出できるようになり、恩恵がもたらされるものと思われていた。しかし残念ながら、支出は全般的に賃金を押し上げ、特に政府や建設などの非貿易部門では顕著であった。それに見合った生産性の向上がともなわないまま、多大な支出をしていた国々はますます競争力を失い、負債が膨らみ、巨額の貿易赤字を抱えはじめた。

むろん、当時は公的債務が少なく財政赤字が少ないスペインのような国が浪費しているようには見えなかった。しかし、アンドリュー・クロケットが予見したように、ユーロの恩恵によって財政問題だけでなく融資問題もかき消されていた。スペイン政府の収入は、追加の経済対策と追加課税のおかげで高かったため、支出は見合っているかのようだった。しかし、支出を景気循環の局面に照らして、それは過剰であった。[*5]

このパターンの注目すべき例外はドイツで、ユーロ圏に加盟する前から低い借入コストに慣れていた。ドイツはそれ以前から、病弱な東ドイツとの統一に起因する歴史的に避けられない高い失業率との格闘を強いられてきた。ユーロ導入当初、ドイツは雇用を増やすには、労働者保護を縮小し、賃金上昇を制限し、年金を削減する以外に選択肢がなかった。ドイツの人件費はユーロ圏の他国と比較して低下したが、輸出とGDP成長率は爆発的に増加した。ドイツの輸出は、支出に積極的なユーロ周縁国がある程度の受け皿となっていた。

最終的に、二〇〇七年に始まった世界金融危機により、中央政府（ギリシャ）、地方政府（スペイン）、建設部門（アイルランドとスペイン）、金融部門（アイルランド）による債務を原動力とした支出に終止符が打たれた。米国とヨーロッパが不況に陥ったのは、債務を原動力とした需要が消滅したことも一因であったが、それが他の需要源にも乗数効果を及ぼしたせいでもあった。

非伝統的金融政策の事例

世界金融危機のインパクトは壊滅的だった。市場全体が崩壊し、極めて健全な銀行さえも預金者の信頼を失い、時が経つにつれて、弱体化した国の公的債務への信頼も揺らぎはじめた。金融経済学者によると、金融部門の問題の深刻さが最も顕著にあらわれたのは、カバー付金利平価などの標準的な裁定関係が崩れはじめたことであったろう。[*6] 借りられるものなら、リスクを負わずに手に入る金があった。だが、そうできる人はほとんどいなかった。実体経済も壊滅的な打撃を受けていたのだ。経済学者のバリー・アイケングリーンが指摘したように、長引く経済活動の低迷は、つまるところ大恐慌の予兆であった。

結果論でいえば、中央銀行は第二次大恐慌を阻止した。今にしてみれば、中央銀行がなすべきことをしたのは明らかだが、当時は手探り状態で様々な措置を講じていた。世界にとって救いだったことに、中央銀行がしたことの多くは的を射たものだった。中央銀行は米国の不良資産救済プログラム（ＴＡＲＰ）やユーロ圏の長期資金供給オペレーション（ＬＴＲＯ）などの革新的なプログラムを通じて流動性へのアクセスを容易にした。受け入れた担保について過度な審査をせずに長期融資を行い、規定の限度額を上回る資産を購入し、市場の修復に重点を置くことによって、さもなくば実勢の市場の資産価格に基づいて破綻していたであろう世界の金融システムの流動性を回復させた。この点において、そもそも世の中で希少な存在である中央銀行総裁は英雄と呼ばれるに値する。

救済に関して少しでも非があるとすれば、おそらくそれは中央銀行が行った修復がある意味あまりにも巧妙すぎたことだろう。流動性が枯渇している状況においては、金融システムは巨額の財政補助金を受け取った（もし中央銀行の保証や買取などの行動がうまくいかなかったなら、納税者は巨額の損失を被っていただろう）。しかし、金融システムの修復という意味では、補助金は安いものにも思われた。当然のことながら、救済された銀行家（および救済された国）は、救済者から行動の変革を期待されて少々不満げであった。だがその代わりに、銀行家が多額のボーナスを手にしたのは周知の事実であり、銀行家の状況は、この救済が救済者たちにもたらされた莫大な投資機会であったことを示していた。残念ながら世界金融危機の後、銀行家の社会的地位が売春斡旋業者や詐欺師まがいのようなものになったのも致し方のないことだった。それは、シカゴ大学ブース・スクール・オブ・ビジネスのＭＢＡプログラムで銀行員としてのキャリアを選択する学生の人数が激減したことにも如実にあらわれていた。「残念ながら」と述べたのは、世界の成長を促進するためには優れた銀行がこれまで以上に必要とされているからである。

それはともかく、救済の第二段階は超低金利で成長を刺激することであった。しかし、この点においては、中央銀行は成功しているとは到底いえない。その理由を紐解いていく。

ケインジアン的説明とその代替案

最も影響力のあるケインジアン経済学の観点からすると、高失業率の継続と回復の遅れの根本原因は、過度に高い実質金利である。論理はシンプルだ。[*7] 二〇〇八年に金融危機が勃発する以前は、消費者は住宅価格の上昇に対して多額の借入を行うことで、米国の需要を支えていた。だが危機が発生すると、多額の債務を抱えている世帯は、それ以上借入をしたり支出したりすることができなくなった。

すなわち重要な総需要の源が枯渇した。債務を抱えた消費者が購入を止めたのだから、それまで倹約していた債務を負っていない世帯の支出を促すために実質（インフレ調整後）金利を低下させるべきであった。しかし、名目金利をゼロ以下に下げることはできないため、実質金利は十分に低下しなかった。いわゆるゼロ金利制約が成長の制約となったのである。[*8]

ケインジアン的説明では、危機後のレバレッジが過剰な世界では、完全雇用の下での均衡実質金利、いわゆる中立金利《ニュートラルレート》を大幅にマイナスにすべきであるとされている。これは、中央銀行が革新的な政策を採用して超低実質金利の実現を目指す免罪符となってきた。低金利を導入しても成長率がすぐには改善しないようだったので、中央銀行はよりいっそうイノベーティブになった。

だがいくら低金利を導入しても、危機後の世界の需要がある一定水準を超えて拡大しないこともあり得るのではないだろうか。信用が簡単に得られるのであれば、低金利が支出を促すものだが、今日の企業や貯蓄者が必ずしも積極的に支出をするとは限らない。例えば退職間近の会社員が退職に備えて貯蓄していた場合、二〇〇七年以降の貯蓄預金の利回りがひどく、低金利が続く見通しなので、さらに多くの金を貯めようとするかもしれない。実際、ケインジアンが提案するような単純なモデルでは、貯蓄不足が深刻で、現役引退後に備えて貯蓄しようとしている貯蓄者の存在は、低実質金利は収縮的であることを示していると言える。つまり貯蓄者は金利が低下するにつれて、退職後に必要になるであろう貯蓄を賄うために、より多くの金を貯める。[*9]

重要なのは、これは超低金利が最終的に予想に反する結果を招くという強力な論拠となるということではなく、危機というものは（貯蓄計画の再調整を通じて）総需要にまでも相殺効果を及ぼす可能性があり、それゆえ、理論に基づいて、大幅なマイナス実質金利が需要を回復するための良薬であるとは主張しがたい、ということである。実質金利が何年も大幅にマイナスであっても、需要の伸びには微弱にしか寄与しない可能性がある。

どのようなものであれ総需要を回復させることが正しい解決策であるという見解には、さらに二つの問題がある。第一に、債務を原動力とするにわか景気の後には、特定の社会階級、特定の地域、特定の生産部門で局所的に需要不足が生じる。第二に、債務危機に至るまでの数年間で、借入により需要だけでなく供給も歪められる。

この事象のすべてを理解するために、しばしば家計の借入に焦点を当ててみよう。米国での危機以前、借入が容易になったときに支出を増やしたのは、支出が収入に制約されない富裕層ではなく、むしろ、ニーズや夢が収入をはるかに上回っている比較的貧しい若い世帯であった。[*10] 彼らのニーズは、得てして富裕層のニーズとは異なる。

しかも、一番購入しやすくなった商品は、生鮮食品ではなく、担保物件として売りに出された商品、つまり家や車だった。また、一部の地域では住宅価格の上昇により借入がしやすくなり、おむつや離乳食など他の日用品の支払いに充てられた。

重要なのは、債務を原動力とした需要は、特定の地域の特定の世帯から特定の商品に対して生じたものだったということだ。それはより一般的な需要を促進することもあったが（にわか景気に長時間働いたある年配の配管工は切手コレクションにさらに金を費やした）、債務を原動力とする需要の大半はかなり偏ったものであったと見て間違いなかろう。そのため融資額が枯渇すると、借入に頼っていた世帯はもはや支出できなくなり、特定の商品に対する需要がいびつに変化した。

当然ながら、その影響は経済全体に広がり、自動車への需要が減り、鉄鋼への需要も減り、鉄鋼労働者が解雇された。しかし、経済学者アミール・サフィとその共著者であるアティフ・ミアンが示したように、失業、過剰な家計債務、そしてその結果としての需要の減少は、住宅価格が急速に上昇した特定の地域に集中していた。[*11] ラスベガスの美容師は、住宅バブルの崩壊によって多額の債務を抱えた世帯が高価なヘアセットを止めたため、職を失った。たとえ超低金利が債務を負っていない年配の貯蓄者により多くの支出を促したとしても、ラスベガスにそれほど大勢の貯蓄者がいるとは考えられず、若い住宅購入者に流行っていたような髪型を望んでいるとも思えない。こうした債務を負っていない貯蓄者が、好不況にさほど左右されなかったニューヨーク在住であるなら、実質金利の引き下げによって、潜在需要が十分にあるニューヨーク市での美容師への支出は促進されるだろうが、潜在需要がほとんどないラスベガスではそうはいかない。[*12]

同様の観点から、健全な企業であっても不況時に投資しないのは、高い資本コストに直面しているからではなく、どこで、いつ、どのように需要が再び現れるのかが不確実だからだという主張も可能だ。要するに、何年にもわたる債務を原動力とするにわか景気の後に起きた不況は、変化した需要にそぐわない類いの商品やサービスを過剰に供給する経済を残存させたのである。通常の循環的《シクリカル》な不況であれば、需要が広範囲で落ち込み、回復するには一時解雇された労働者を再雇用して元の仕事に戻せば済むが、それとは異なり、融資破綻後の回復の場合は、概して労働者が業種を超えて新しい職場に移動する必要がある。なぜなら、かつての債務を原動力とした需要は、部門によっても地域によっても異なり、すぐには復活し得ないからである。[*13]

このように、債務を原動力とする需要の見方と、デレバレッジ（萎縮した借り手による貯蓄）や過剰債務（債務を抱えた借り手の債務超過）が危機後の成長鈍化の原因であるとするケインジアンの説明との間には、微妙ではあるが重要な違いがある。どちらの見解も、低調な総需要の主な原因は、従来の借り手からの需要の消失であることを認めているが、解決策に関しては意見が異なる。

ケインジアン経済学はおしなべて需要を拡大したがる。すべての需要は平等であるというのが彼らの信念である。しかし、債務が火付け役となる需要はそれとは異なる、という我々の信念からすると、超低金利によって刺激される需要はせいぜい一時しのぎに過ぎないだろう。返済の見込みがほとんどない借り手の債務を帳消しにすることは、人道的にも経済的にも問題がある。[*14] たしかに、かつては借り手の債務を帳消しすれば、従来の需要パターンを生み出すには効果的だったかもしれない。しかし、かつての借り手の借金と支出に依存して従来の経済を復活させるのは無責任である。また、新規の借り手はそれぞれ異なるものに支出したがるかもしれず、新たな信用ブームを原動力にしようとしても、完全雇用を取り戻すには効果的ではない（持続不可能な）方法になりかねない。[*15]

にわか景気で生じた差別化された需要の再創造が難しい、あるいは無責任なものとなる場合、持続可能な解決策は、サプライサイドがより正常で持続可能な需要源に適応できるようにすることである。ただし個人が変化した状況に適応するには、調整に時間がかかることもある。また、持続可能な成長を生み出すためには、相対的な価格調整や構造改革が必要なこともある。例えば、賃金の調整を可能にし、銀行家、建設労働者、自動車労働者が急成長する産業に移れるように再訓練する方法を創出したとしても、相対的な価格調整や構造改革は成果が出るまでに時間がかかる。

昨今、我々経済学者にとって非常に刺激的な状況が続いている。政治的強制力はにわか景気を助長したかと思えば、破綻時には緊急措置に転じた。成長を加速させるために借入に依存していた先進諸国ほど、決まって迅速な結果を求めた。財政刺激の余地が限られていたため、金融政策が成長を回復するための選択肢となった。そしてケインジアンの「均衡実質金利または中立実質金利を超低水準にすべきだ」という持論が金融イノベーションを正当化するものとなり現在に至っているのである。

超低金利に特化した非伝統的金融政策

これまで論じてきたように、市場や制度を修復するための中央銀行の非伝統的な諸政策はうまく機能してきた。欧州中央銀行がソブリン債を強化するために国債購入プログラム（ＯＭＴ）を通じて必要なことは何でもすると約束したことも、政府がソブリン債の改革に着手する時間稼ぎとなった。ただし、この暗黙の保証に財政的要素に通じるものがあるかどうかについては、公正な議論が待たれるが。[*16] これまで見てきたように、介入が効果的でない状況に陥った場合に、中央銀行がそれなりの損失を受け入れる覚悟があればこそ、市場に損失を被らせない新たな均衡をもたらすことができるのである。流動性を注入するための介入の多くには暗黙の財政的要素があり、OMTも例外ではない。

ここで、実質金利を非常に低くすることを目的とした非伝統的金融政策に目を向けてみよう。[*17] 先に述べたように、完全雇用均衡における実質金利を大幅にマイナスにすべきだという見解には疑問の余地がある。そのような疑念を発端に、経済を完全雇用に戻す手段としての金利引き下げプログラム全体にも疑問が生じる。しかし、まずはゼロ下限問題を取り上げ、その後、低金利が経済活動につながっているかどうか見直すことにする。

経済活動に影響を与えるのに有効なのはどのような金利だろうか。明らかに、長期金利は株式や債券などの資産価格や長期固定資産投資を割り引く際に重要であり、短期金利は満期返還を旨とする企業の資本コストに影響する。金利チャネル（中央銀行が金利を通じて消費、貯蓄、投資の意思決定に影響を与える経路）、資産価値チャネル（中央銀行が金利を通じて資産価格、ひいては家計の富とリスク許容度を変更することを目的とする経路）、信用チャネル（中央銀行が企業や銀行のバランスシートの評価に影響を与え、それによって信用量を変更する経路）、為替レートチャネル（中央銀行が為替レートに影響を与える経路）、おそらくこれらのすべてが、期間構造の各部分に様々な程度の重点を置きながら、短期金利と長期金利の組み合わせによって機能している。[*18]

中央銀行は政策金利を直接制御し、その結果、短期名目金利を制御する。ゼロ下限の問題は、この短期名目政策金利をゼロ以下に押し下げることができないことに起因する。実質短期金利のさらなる引き下げは、インフレ期待を押し上げることができる場合にのみ実現される。

長期名目金利は、政策金利がゼロの場合でも通常はゼロを上回るため、中央銀行は長期名目金利を直接押し下げようとする可能性がある。むろん、さしあたり問題となるのは、均衡長期金利が低いにもかかわらず、なぜ長期名目金利がゼロ以上に留まるのかということである。考えられる答えの一つは、均衡レートよりも高い予想短期金利を利用した短期投資戦略のロールオーバーによる裁定取引により、長期金利があるべき水準よりも高く維持されるということである。

そこで、長期名目金利を引き下げるのに二つの戦略が打ち出されている。第一に、短期金利を正常化すべき時点を超えても、長期にわたってゼロに維持することにコミットする戦略である。これはFRBが「フォワードガイダンス」と呼んでいるものだ。第二に、長期債を購入することによって、公衆の手に残った債券への需要を高め、長期金利を押し下げる戦略である。FRBは「プライベート・ポートフォリオのリバランス」が進むにつれて長期債（およびその他の資産）の価格が上昇し、利回りが低下することを期待して、大規模資産購入（LSAP）プログラムを利用してプライベート・ポートフォリオから長期債を取り除くことを目指している。[*19]日本銀行はインフレ期待を高めることでこれらの戦略を強化したいと考えているが、FRBはそれを明確な目的とはしていない。[*20]どちらの中央銀行も、為替レートの下落を副作用として除外してはいないが、為替レートの下落を主要な目標として言及しているわけではない。

これらの政策が理論上も成り立つのかという疑問の声もあり得る。フォワードガイダンスは、中央銀行が将来的に政策金利を本来であれば適切であると想定される水準、例えばテイラー・ルールで示されている水準を下回る水準に抑制する意向があるかどうかにかかっている。[*21]すなわち、将来のインフレ水準の上昇を容認する意向を暗に示すものなのだ。だが、そのようなコミットメントは何によって保証されるのだろうか。事前の透明性のある明示的な約束（例えば、失業率が六・五％を超え、インフレ率が二・五％を下回っており、長期的なインフレ期待がしっかりと定着している限り、政策金利をゼロに維持するなど）を反故にする罪悪感が、総裁たちの足かせになるのだろうか。それとも、いざとなったら、長期的な期待があまり定着しなかったと言って、煙に巻くのだろうか？

ＬＳＡＰ自体がコミットメントの源になるであろうという意見もある。中央銀行は利上げが早すぎると保有債券の価値を失う恐れがあるからだ。しかし、据え置きが長すぎるとインフレ期待が上昇する恐れがあり、ひいては保有する債券の価値が目減りする可能性があるという意見もあり得る。

おそらく、ＬＳＡＰは実際にはフォワードガイダンスのためのシグナリング装置なのであろう。すなわち、中央銀行は本質的に、ＬＳＡＰが実施されている限り利上げはしないと市場に伝えていることになる。したがって、金利の正常化は、大々的に宣伝されたうえで、十分に延長された資産購入プログラムが終了した後にのみ行われることになる。[*22]

では資産購入プログラム自体について考えてみよう。市場が分割されていない場合、モディリアーニ・ミラー理論またはリカードの等価定理によれば、ＦＲＢは債券を購入することによって金利を操作できないとされている。基本的に、代表的エージェント〔理論的設定で唯一の合理的経済主体のこと〕はＦＲＢの買い入れを見抜く。その経済が保有しなければならないポートフォリオの総量は変わらないので、価格付けは変わらない。あるいは、FRBの行為は家計によって帳消しにされるだろう。[*23] LSAPが機能するには、一部のエージェントがいくつかの市場に参加しないように市場を分割する必要がある。もしくは、市場がFRBのポートフォリオ保有を織り込んではならない。フォワードガイダンスと同様に、LSAPの有効性に関するこの議論は、実証分析の問題となる。

資産購入プログラムの有効性に関するエビデンスの多くは、FRBの最初に行ったLSAPから得られている。これには、危機の真っただ中でのエージェンシー債やモーゲージ証券の購入も含まれていた。FRBの買い入れは（政府がエージェンシー債をサポートしているというシグナルを発することも含めて）これらの市場にある程度の信頼を回復させ、利回りに大きな影響を与えた。イベント・スタディでは、その後の一連のLSAPでの利回りへの影響ははるかに小さかったと記録されている。[*24]

FRBの買い入れが途中で及ぼしたであろう影響にもかかわらず、二〇一三年五月にFRBが資産買い入れの縮小を開始するという憶測は、米国債利回りの大幅な上昇につながり、リスク資産の価格や国境を越えた資本フローに甚大な悪影響を及ぼした。理論的に考えるとこれは驚くべきことである。なぜならポートフォリオ・バランスの議論にとって重要なのは、ＦＲＢのポートフォリオにおける長期資産のストックであって、フローではないからだ。ＦＲＢが株式を保有し続けると信頼できる限り、リスク資産の価格は維持されるはずだ。しかし、市場はＦＲＢの市場への資金流入が縮小する可能性に関するニュースに反応したようだった。それは予想株価にほとんど影響を与えないであろうと思われていたにもかかわらず。市場は、ＦＲＢが購入した資産の在庫を保持するという暗黙の約束は信頼できないと結論づけたか、ＬＳＡＰが廃止されるのはずっと先のことだと予想していたが外れた（最終的な金利の正常化も前倒しされた）か、あるいはＬＳＡＰがどのように機能するかについての世の中の理解が追いついていないのだ。

日本の長期国債の名目金利がそもそも低いことを考え合わせると、日本銀行は名目金利を押し下げることよりも、インフレ期待を高めることに狙いを定めてきたといえよう。定着している期待を揺るがす機能は、中央銀行が放つ大砲の効力の一部である。日本銀行の量的・質的緩和プログラムによって生じた衝撃と畏怖は、根深いデフレ期待を払拭するために必要なものだったのかもしれない。

日本銀行は巨額の財政赤字を直接的にファイナンスすることによって、インフレ期待が高まることを望んでいる。通貨下落に伴う付随的利益は、為替レートの下落を通じてもたらされるインフレである。とはいえ、日本銀行のタスクは容易ではない。インフレ期待の引き上げが功を奏しすぎると、名目国債金利が急速に上昇し、債券価格は暴落することとなる。したがって、債券投資家を動揺させないようにするために、**名目国債金利をあまり変えずに**長期実質金利を均衡と整合する水準まで引き下げるのに十分なインフレ期待を高める必要がある。だが、中立実質金利または均衡実質金利の水準が実際にはわからないことを考えると、どの程度のインフレ期待を生み出すかは推測の域を出ない。

肝心なのは、市場や制度の修復から価格やインフレ期待の変更へと移行する非伝統的金融政策は、闇への一歩になりかねないということだ。もちろん、中央銀行総裁は、政策金利を変更することで資産価格を変化させ、インフレ期待を変えることが彼らの本業であると主張することもできよう。ただし、非伝統的な政策は別の諸チャネルを通じて機能することも想定される。本書で先に提起した、完全雇用への手段として実質金利を超低水準に押し下げることについての理論的な疑問はさておき、非伝統的な政策の価値は定かではない。そこで、それらの意図せざる副作用に話題を展開していこう。

非伝統的な政策の意図せざる結果

リスクテイクと投資の歪み

短期政策金利の「長期低金利（low for long）」政策と量的緩和の組み合わせが効果的であった場合、確定利付証券のイールドカーブで利回りが低下する傾向がある。ある程度の名目リターンが必要な確定利付債券の機関投資家（例えば、年金受給者に名目定額の支払いを約束している年金基金）は、ジャンク債、エマージング債、商品上場投資信託などのよりリスクの高い商品に移行する。他の投資家は株式に移行する。ある意味、この利回りの追求は、まさに非伝統的金融政策の意図した結果の一つである。その期するところは、リスクの価格が低下するにつれて、資本コストの低下に直面する企業の、実際の投資を行うインセンティブが増大し、それによって雇用が創出され、成長が促進されることである。

こうした目論みが外れる場合は二つある。第一に、金融市場のリスクテイクが単なるリスクとなるばかりで、実際の投資に結びつかないかもしれない。例えば、ジャンク債や既存の住宅価格が過剰に釣り上げられると、暴落の可能性が高まり、新しい資本財の購入や住宅の建設にはつながらない。機能的で資本が充実した銀行システムや新築住宅のための区画許可といった投資への重要なサポート、あるいは政策の確実性が欠けている場合、こうした現象が起こる可能性は極めて高い。非常に緩和的または非伝統的金融政策がもたらす金融市場のリスクテイクのインセンティブは多くの書物で指摘されており、スティン（Stein 2013）もそれらに付随する経済的マイナス面の包括的な見解を提起している。[*25] その一例として、ＩＭＦの「国際金融安定性報告書」（二〇一三年春）でも、リスク許容度の向上がリスク軽視に変化しかねないエビデンスとして、コベナンツ・ライト・ローンの再出現が指摘されている。

第二に、これは比較的心配は少なかろうが、緩和策により企業の資本コストが大幅に低下すると、企業は労働者の雇用よりも労働力を節約する設備投資に注力するかもしれない。近年の労働賃金の低下は、資本コストの低下と一致しているが、別の見方もある。労働力を節約するための過多な設備投資は、雇用拡大という非伝統的政策の目的そのものを損いかねない。これに加えて、非伝統的金融政策は、資産価格を変化させ、価格シグナルを歪めることにより、資産価格や信用が低金利に極めて敏感な分野での過剰投資を引き起こすかもしれない。例えば、建設業の景気は過剰に潤い、機械業の景気は過剰に停滞しかねないが、これはあまりにも記憶に新しい最近の動向でもある。

波及効果《スピルオーバー》――資本フロー・為替レート高騰・信用ブーム

世界的な流動性の緩和状況による波及効果《スピルオーバー》は、国境を越えた銀行取引の総フロー、為替レートの高騰、株式市場の高騰、資本流入国の資産価格と信用ブームとなる。そして最終的にはオーバーエクステンション、経常赤字、資産価格の暴落となることが、危機前の欧州と危機後の新興国市場の双方で記録されている。[*26] その伝達のメカニズムは以下の様相を呈している。借入が容易になると、資産価格が上昇し、銀行資本が増加し、見かけ上のレバレッジを低下させ、（VIX指数またはバリュー・アット・リスクによって示される）リスクの認識と測定が低下する。これらすべてが、より多くの信用供与と実際のレバレッジの増加につながる。[*27] これが国境を越えて発生する場合、流入国の為替レートの高騰が融資をより安全に見せかける付加的要因となる（このメカニズムについては第2章で詳しく説明する）。アンドリュー・クロケットが表明した懸念はこれまでも繰り返し認知されてきたのである。[*28]

流入国にとって、さらなる流入を招くリスクを冒して金融政策を引き締めるべきか、それとも金融政策を緩和して信用ブームを促進すべきかは不透明だ。財政引き締めは総需要を抑制するための教科書的な解決策だが、歳入が好調なときに財政引き締めをするのは政治的に難しい。なぜなら、にわか景気が弱点を覆い隠し、明らかな問題がないためそれに対抗するのは政治的に困難となるからである。裏を返せば、後に取り上げるが、先進国の中央銀行総裁は、政治家が自国で必要とされる決定を下さないことを口実に、非伝統的な政策が唯一の切り札であると正当化する。しかし同時に、彼らは流入国が資本流入に対する教科書的な反応に従うことを期待しており、それが政治的に難しいであろうことは気にも止めていない。新たな定説は、信用拡大を抑制するために資本規制を含む健全な措置を導入することであるが、「資本流入の壁」に対するその有効性はまだ確立されていない。世界金融危機に先立って設けられたスペインのカウンターシクリカルの基準は、最悪な結果を防いだかもしれないが、信用ブームと建設ブームがスペインに与えた損害を防ぐことはできなかった。

　期間構造全体の金利低下に注力する非伝統的金融政策が、大規模で流動性の高い流出国の債券市場の金利に及ぼす影響が限定的だったとしても、それが生み出すフローの量が、より流動性の低い流入国の市場を圧倒し、価格と取引量に大きな影響を生じさせる可能性がある。理論的には機能しそうな政策でも、実際には景気循環増幅効果《プロシクリカリティ》を相殺するのに適切な規模ではないかもしれず、たとえ適切な規模であっても政治的に実現できないかもしれない。流入国のレバレッジが高まるにつれて脆弱性が増大し、市場が非伝統的政策の終了を感知してフローが反転すると、脆弱性が即座に露呈する。

〔一九二九年に始まった〕大恐慌中の重要な懸念事項は通貨切り下げ競争であった。流入国は近年の「通貨安競争」について不満を漏らしており、中国も韓国も、日本銀行が量的・質的緩和に着手した後の大幅な日本の円安の影響を受けているように見受けられる（ただしそれ以前の円高の頃には恩恵を受けていた）。だが非伝統的金融政策のさらに懸念すべき影響は、**競争的な資産価格のインフレ**であろう。

我々はこれまで世界中で信用と資産価格のインフレが循環しているのを目の当たりにしてきた。ＩＴバブル崩壊後は、中央銀行が過剰貯蓄に対応したため先進国が過剰な信用拡大に苦しむいっぽうで、新興国市場は世界金融危機後の利回り追求のフローの受け皿となってきた。そして今回は、輸出市場の崩壊により、各国は率先して緩和政策に従う姿勢をはるかに強め、その結果、信用ブームと資産価格ブームを経験した。ブラジルやインドのような国際収支の規模が近い国々が巨額の経常赤字を抱えはじめた。持続不可能な需要は一巡して新興国市場に戻り、新興国市場は調整を余儀なくされている。果たして立て直しは間に合うだろうか（本書の執筆中にも、二〇一三年五月にバーナンキ議長（当時）がＦＲＢは量的緩和の縮小を開始しなければならないとする演説をしたことによって引き起こされたテーパータントラムがこれらの国々を巻き込みだし、短期間に多額の資本が流出している)。

一体どうすべきなのか。資産価格暴落に対する金融反応が他の地域での資産価格高騰の発端となるのを、どうしたら防げるのだろうか。大規模な資本フローによって統合された世界では、大国の金融政策が世界共通のアクセルペダルとして機能する。アクセルをいっぱいに踏み込んでも、自分の車は深い溝にはまったままかもしれないが、世界のその他の地域では制限速度をはるかに超えて走行する可能性がある。世界中の国々にとって大国の中央銀行から発せられる非伝統的な政策による波及効果《スピルオーバー》を回避する方法がほとんどない場合、大国の中央銀行はこうした波及効果《スピルオーバー》を吸収すべきだろうか？[*29] その手段とは？ そしてそれは政治的に実行可能なのだろうか？ これについては第3章で改めて取り上げる。

改革の先送りとモラルハザード

中央銀行総裁は、イノベーターという役割は性に合わないのでは、と質問されると決まって憤慨する。「唯一の切り札が我々だという事態なのだから、仕方がない」と。しかし、それが問題なのかもしれない。中央銀行総裁が自分たちこそが唯一の切り札であると名乗り出ると、政治家が傷口をさらに広げるような選択しかできない状況なので、たしかに唯一の切り札となる。誰もが中央銀行総裁に舞台を譲るが、中央銀行総裁は自分たちのツールを試したことがなく、有効性が未知であることを認めようとしない。中央銀行総裁は自信に満ちているように見せるべく、たとえ保有している弾丸が非常に少なくても、さも多くの弾丸を保有しているかのような口ぶりを崩さない。しかし、そうして得た世間の信頼が彼らの首をしめることとなる。なぜなら、どうしてもっと積極的な手段を講じないのか世間から追求されるからである。

政治家が、不人気だが正しい政策を実効する機会を得るために、ひどい経済危機が差し迫っているという見通しが必要とされる場合、中央銀行総裁のジレンマは特に深刻である。例えば、度重なる危機により、ユーロ圏の政治家は交渉のテーブルに着くことを余儀なくされ、国内では不人気な政策を受け入れた。というのも、即時ユーロ崩壊という最悪の結果を回避するために必要な政策として有権者に売り込むことができたからだ。欧州中央銀行が発表した国債購入プログラム（ＯＭＴ）は、本質的にはユーロを保護し維持するために必要なことを行うという誓約の履行であったが、ＯＭＴが政治家にとって困難な制度改革に着手するのに必要な時間を稼いだのか、それとも狭義の国内の懸念を再び表沙汰にしてしまったのか、結論はまだ下されていない。

最後に、モラルハザードの問題について論じる。当然のことながら、金融システムが崩壊しかかっているときに、後世に教訓を与えるために金融システムの崩壊を容認すべきであるとは主張しがたい。制度資本の損失は、経済にとって再建が非常に困難であるばかりでなく、崩壊の代償が高すぎる。そのため将来の中央銀行総裁は、システムを「懲らしめる」ことを真摯に考えるとは限らない。そして当然のことながら、自身の監督下での崩壊を容認したことで名を馳せることを望む中央銀行総裁はほとんどいない。しかし、これもまた当然のことながら、中央銀行がテール戦略に介入するだろうという知らせは、プライベートバンカーにそのような戦略を無視して流動性を過度に少なく保持するか、足並みを揃えるかのインセンティブを与えることとなる。[*30] これらすべては今ではよく知られている。だが、それにどう対処すべきかはさほど明確ではない。その主たる理由は、銀行家がテールリスクに手を染めるのは、救済《ベイルアウト》されることを期待しているからなのか、それともリスクに無知なのかが依然として定かでないからだ。[*31] もちろん、モラルハザードに関する懸念は、銀行家が単に無知である場合には無用である。念押しとなるが、その点は傍らからは知りようもないのである。

出口戦略

非伝統的金融政策の「入口」で副作用を経験した多くの人は、現在、それらの政策からの出口を懸念している。問題となるのは、「入口」では中央銀行が将来の政策を効果的にするための信頼性を築かなければならないために長い時間がかかるだろうが、「出口」では中央銀行の信頼性が必要とされず、待ち望まれており、その結果は市場によってもたらされるであろう、ということだ。入口の主な目的が資産価格を均衡から遠ざけることであった場合、資産価格が安定した状態を維持する可能性は低い。不自然に釣り上げられたものは下落するはずだが、経済がまったく新しい環境に移行しない限り、その可能性は低い。

先進国の非伝統的金融政策に不満を抱いてきた国々にとって出口は歓迎すべきものだという考えもあるだろうが、レバレッジが複雑な問題の種となる。資産価格が単純に上下するものであれば、非伝統的政策を撤回すれば以前の状態に戻るはずだ。しかし、これまで資産価格が上昇してきたセクターで構築されてきたレバレッジは、資産価格が下落すると企業、金融機関、さらには経済全体を低迷させる可能性がある。[*32] 異例の政策の終了がもたらす結果を皆が予測すべきだったと省みても後の祭りである。アンドリュー・クロケットが講演で述べたように、「金融仲介業者は、金融サイクル全体におよぶリスクの進化を予測するよりも、ある時点での相対的なリスクを評価するほうが得意なのだ」。

世界中の国々は、特に十分な流動性の供給を各自で準備しておく必要がある。出口戦略を実行する中央銀行総裁は、出口の結果があまりにも急に出た場合には、再び介入する「入口」を準備しておく必要がある。撤退は緩やかに断続的に行われるのだろうか、それとも突如行われるのだろうか。これは、今のところほとんど未知数な非伝統的金融政策の一面である。

結論

チャーチルの名言を、非伝統的金融政策をテーマに言い換えるなら「経済政策の分野で、これほど少数の人々が、これほどエビデンスが乏しく、これほど多額の資金を投じたことはかつてない」といったところであろう。非伝統的金融政策はまさに闇への一歩だ。これにはなぜ中央銀行総裁は通常の保守主義から逸脱し、ひいてはいつの間にか「イノベーティヴ」であると形容されるまでになったのか、という疑問がつきまとう。

かつては、新興市場では、危機は米国や欧州ほどの経済的思考の深さを持ち合わせていない国々で発生するものだと考えられていた。だから新興国市場の政策立案者たちは、危機後の経済を正常化するには長期にわたる緊縮財政と失業、および広範な銀行閉鎖が必要であるとする正統派的な経済についての助言を真に受けて抗わなかった。結局のところ、正統派の手法に異議を唱えるほどの訓練を受け自信を持つ人はほとんどおらず、それでも疑問を抱く人は見当違いの変人とみなされた。多国間機関は、資金管理の権限を与えられ、経済学の聖典《バイブル》に基づいて政策を決定した。

しかし、西洋諸国の経済学者たちは、自国が危機に襲われたとき、痛みが必要であることを積極的に受け入れようとはしなかった。世界で最も優れた金融経済学者たちが率いるＦＲＢは、創造的な解決策を提案したが、通常は保守的な多国間機関を含む政策陣営から疑問の声はほとんど上がらなかった。結局のところ、金銭的な影響力も経済学習の成果も底を突いていたのだ。したがって、オーソドックスな手法を放棄した理由は、自国で痛みを伴う調整を検討しなければならなくなった途端に、一流の経済学者たちが救済策を再検討したからだということになる。

しかし、これだけが理由ではない。最終的には、ジョセフ・スティグリッツのようなノーベル賞受賞者たちは、自らの救済策への評価はさておき、多国間機関がアジア経済に課した調整プログラムについて公然と抗議したのだから。

別の理由も考えられる。すなわち、世界金融危機後、中央銀行総裁が金融システムの崩壊を防ぐことに成功し、世間の信頼を得て、量的緩和の深みにさらにはまっていったせいでもあるだろう。銀行救済の成功によって、中央銀行総裁の中にはミダスタッチ〔触れるものすべてを金に換えることができるギリシャ神話のミダスにちなんだ金融の才覚〕を持っていると勘違いした者もいたのではなかろうか。つまり、中央銀行総裁の傲慢さと、それを良しとした世間の信頼が合致したことが、量的緩和への介入の理由といえよう。しかし、これも理由の一部に過ぎないようだ。世間では、銀行家たちが救われたことを喜んでいる人はほとんどいない。メインストリート〔金融業界以外の産業〕の多くの人々は、自分たちの雇用主が従業員を解雇したり倒産したりしているときに、なぜ金融システムが救われなければならないのか理解できないのだから。

今一度、考え直してみよう。プライベートバンカーの救済に数十億ドルを費やした後、なす術がなくなった政治的混迷が、中央銀行を創造的な行動に駆り立てた可能性もある。結局のところ、TARPなどの革新的な仕組みがウォールストリートを救うために利用されてきたのに、ゼロ金利制約のような技術的な制約があるからといって、メインストリートの救済を妨げるわけにはいかなかったのであろう。中央銀行当局が必要な銀行救済に着手するからには、否が応でも政治に首をつっこむこととなり、量的緩和は避けられない結果だったのではなかろうか。

あるいは、単に一般的な良識に従ったのかもしれない。多くのことが破綻した世界で、責任のある立場にある中央銀行総裁たるもの、量的緩和などの手段を含め、できることは何でもしよう、と。

最近の非伝統的金融政策に関する多くのことがそうであるように、推測の域を出ないことは多い。肝心なのは、最近の展開によって打ち破られてしまった神話が存在するならば、それはおそらく中央銀行総裁を、その時々の政治やイデオロギーを天から的確に俯瞰するテクノクラートとみなすものであろう。しかし彼らも地上に降り立ってしまった。

より現実的な話として、アンドリュー・クロケットのスピーチからの警告で、本章を締めくくろう。

「制御されていない金融循環のコストは極めて大きいため、少なくともそれに抵抗する手段を模索する必要がある。少なくともインフレ目標を目指す金融政策を策定する際には、中央銀行はリスクバランスに対する金融動向の影響を明確に考慮すべきであると提案するのは理に叶っているように思われる」。

当時も今も、肝に銘ずべき助言である。

第2章

金融政策の波及効果《スピルオーバー》の新たな見方

――資本フロー、流動性、レバレッジ

世界金融危機が起きる以前は、政策立案者たちは、世界は金融政策の最適化に達し、それが経済変動の「大いなる安定」に貢献していると自認していた。当時、世界では、金融政策の唯一の目的は国内物価の安定であり、それは柔軟《フレキシブル》なインフレ目標によって達成されていた。このシステムは、為替レートを必要に応じて変動させることによって、為替介入や準備金の積み立ての必要性を排除していた。アイケングリーンら（Eichengreen et al. 2011）が主張したように、インフレ目標と変動為替レートは「つまるところ国際金融分野における「自国内経済の安定を優先する」原則の勝利とみなすことが可能であるとされていた。一国のマクロ経済さえ安定すれば、国際的なマクロ経済も安定するものと考えられていた。国内市場と国際市場は基本的に表裏一体であるとみなされていた。

二〇〇七年から二〇〇九年にかけての世界金融危機以降になされた膨大な研究は、この見解は自己満足に過ぎないことを示唆している。各国間には甚大な政策の波及効果《スピルオーバー》があり、為替レートの調整を認めるなどの正攻法の策を講じても相殺することはできない。具体的には、資金の源となる通貨を供給をする緩和的な金融政策は、資本フロー、流入国の通貨高、借入の増加、現地の金融資産や実物資産の価格の上昇を通じて流入国に伝播すると見られている。そしてこれらは経済の脆弱性を招く。だが、こうした気づきから重要な疑問が生じる。貸し借りが合理的なものであるなら、なぜ市場参加者はそれに伴うリスクを承知でレバレッジを効かせるのか。なぜ調達条件は突然変わるのか。それは原理にまつわるものなのか。それに伴うシステミック・リスクを軽減するために各国当局は何ができるのか。これが第2章の主題であり、スイス国立銀行でのカール・ブルナー講演に基づく議論である国境を越えた資本フローは、手放しで歓迎すべきものでも忌み嫌うものでもない。賢く利用すれば、長期のリスク資本の不足を補い、現地のコーポレート・ガバナンスの欠陥を埋めることで、資本受入国にとって有益となり得る。また、資本流出国にとっても有益であり、人口高齢化によって生じた貯蓄の投資手段を提供する。

もちろん、資本フローが問題となることもある。資本フローが悪いタイミングで発生し、猛烈な投資ブームにさらなる信用を与え、資産価格バブルを煽る可能性もある。また、資本フローが、即時に撤退するオプション付きで、企業または政府に対する短期債券として保有されるという悪い形を招く可能性もある。さらに、資本フローが悪い時期に撤退する可能性もある。流入国のプロジェクトが完了したときではなく、流出国の金利上昇につられて呼び戻される場合である。ダイナマイトと同様、国境を越えた資本フローの善し悪しは、その使われ方次第だ。残念ながら、資本フローを抑制し、流入国の利益となるようタイミングを再調整するための明確な救済策はない。たとえあったとしても、流入国の機関はおそらくそのタスクに対応しきれないだろう。どんなに賢明な政策立案者であっても、容易な資金提供を断るのは困難なのである。

もちろん関係するのは資本受入国だけではない。国境を越えた資本フローの「押し出し《プッシュ》」と「引き寄せ《プル》」で特に重要な要因となるのは、先進経済諸国における金融政策のスタンスである。金融緩和策は、資本フロー、通貨高、借入の増加、金融資産や実物資産の価格上昇を通じて流入国に伝達する。それぞれ決定的な違いがあるものの、金融政策が引き締められると、これらすべてが反転する。緩和局面における流入国の企業や政府の借入の蓄積は、引き締め局面における財政の脆弱性を招く。

特に前章で議論した先進国の「長期低金利（low for long）」金融政策に直面した際に、新興国市場は大規模で持続的な資本フローに伴うリスクを軽減するために何ができるのだろうか。経済先進諸国の中央銀行は、金融政策が海外に及ぼす影響についてどのように責任を負うべきか、また影響を制限するためにどのような措置を講じることができるのだろうか。ＩＭＦなどの国際金融機関が果たせる役割はあるのだろうか。

国内企業への影響のモデル

これらの問題をさらに明らかにするために、ダグラス・ダイアモンドとユンジ・フとの研究に基づいて、国内のコーポレート・ファイナンスのモデルを説明し、その後、これを用いて金融政策、資本フロー、為替レートが企業部門に与える影響について論じる。[*1] このモデルの重要な要素は将来の高い流動性に対する持続的な期待（潜在的な資産購入者に富があり企業資産に高い価格を支払うことができるという期待）が、企業部門のレバレッジ増を促す可能性があるということである。高いレバレッジと高い期待の流動性の組み合わせは、コーポレート・ガバナンスや担保可能性（pledgeability）を高水準に維持する企業のインセンティブを低下させる。高い流動性が維持されている場合にはガバナンスの低下は問題にならないが、流動性が枯渇すると、企業が債務をロールオーバーしたり新たな借入をしたりする能力をサポートするものがほとんどなくなるため問題となる。言い換えれば、流動性に対する高い期待は、企業が債務を借り換えするために将来の流動性に依存する状況を生み出す。期待が実現しない場合、企業は突然の機能停止に見舞われる。企業の経済見通しが依然として明るい場合でも、このような事態は起こり得ると肝に銘じておくべきだ。そこで以下に、金融政策によって引き起こされる資本フローとその為替レートへの影響が、国の企業部門の流動性状況と資産価格の変動の擬似的な外的要因となり、ひいてはレバレッジの変動と財務の脆弱性の要因となることを示す。

まず国内のコーポレート・ファイナンスの理論モデルについてより具体的に説明し、その後、資金の源となっている国の金融政策、資本フロー、為替レートの役割について説明する。

我々が「企業」と呼ぶ資産からキャッシュフローを生み出すために、〈経営の専門家〉が必要とされる経済を想定してみよう。多くの既存企業が最初に〈経営の専門家〉へのオークションにかけられる（これは企業の初期債務水準を設定するためのモデル上の便宜である）。各企業の落札者を〈現職の経営者〉と呼ぶことにする。落札できなかった入札者は、将来的に〈現職の経営者〉から企業を買収することを狙って、好機をうかがっている。企業の経営方法には詳しくないが資金は持っている〈資金の提供者〉も、このモデルでのエージェントとなる。

〈経営の専門家〉は、初期保有の富に〈資金の提供者〉からの融資を合わせて、最初のオークションで企業に入札する。〈資金の提供者〉は、返済を強制するための二種類のコントロール権があることを知ったうえで融資を行う。一つ目は、支払いが滞った場合に企業を差し押さえて売却する権利によるコントロール権、二つ目は、企業が生み出すキャッシュフローの処分に対するコントロール権である。一つ目の権利は、この経済における財産権の簡単な執行のみを要求しており、当然のことである。将来的に企業の資産に高値を支払ってもかまわないと考えている外部の〈経営の専門家〉の買い手が多数存在する場合、これは特に有意義である。返済を得るために、貸し手は企業を差し押さえ、最高額での入札者に売却するだけで済む。外部の〈経営の専門家〉の将来の富（これを「流動性」と呼ぶ）が増加するにつれて、最初のオークションでの入札者に対する**資産売却ベース**の資金調達の利用可能性が高まる。

二つ目のタイプのコントロール権は、企業のキャッシュフローを中期的に債権者にとってより確保しやすく担保可能なものとするため、企業の〈現職の経営者〉によって債権者に与えられる。例えば、会計の質を改善したり、キャッシュフローが流用《ダイバート》されにくいようにエスクロー口座を開設したりする。担保可能性の強化は設定に時間がかかるが、その分半耐久財でもある（会計の質の向上には、新しいシステムの導入と評価の高い人材の雇用が必要であるため、すぐには改善できない）。そこで、〈現職の経営者〉は担保可能性を一期前に設定するが、それは一定期間持続する。したがって担保可能性は、企業の経営陣がコーポレート・ガバナンスを改善する（または怠る）方法を表わすものとなる。重要なことは、こうしたキャッシュフローは貸し手にとって担保にしやすくなるため、翌期に企業を所有する人はキャッシュフローと引き換えに借入能力が高まるということだ。

一般に、〈経営の専門家〉にとって予想される富（つまり流動性）が高まると同時に、〈経営の専門家〉が購入する企業の将来のキャッシュフローと引き換えに借入能力（つまり担保可能性）が高まると、将来的に企業への入札額が増加する。入札予想額が高くなると、債権者の債務回収が増加するので、債権者が事前に融資する意欲が高まる。**そのため、将来の流動性と担保可能性が高まると、最初のオークションでの入札者が借入によって入札額を増やす能力が高まるのである。**

ただし、担保可能性は、企業を買収して債務を負った後の〈現職の企経営者〉によって決定される。何がこの決定を左右するのだろうか。〈現職の経営者〉は、その企業の将来の市場評価が高くなることを望んでいる。資金が必要な場合は企業を完全に売却する必要があり、追加の投資資金をファイナンスしたい場合はその企業への権利を販売する必要があろう、という可能性を考えているからだ。つまり、彼らには、企業の将来の入札額を高くするために、企業を買収した後に担保可能性を高めたいという個人的なインセンティブがある。しかし、彼らは当初の入札資金を調達するために債務を負っているため、**キャッシュフローの担保可能性を高めることは諸刃の剣となる。**〈経営の専門家〉による将来の入札価格が高くなるにつれて、〈現職の経営者〉がコントロール権を維持している限り、既存の債権者はさらに多くの債権を回収できるようになる。なぜなら、全額が支払われない場合、債権者は資産を差し押さえ、〈経営の専門家〉に売却して追加回収する権利があるからだ。このような状況では、〈現職の経営者〉は〈経営の専門家〉よりも高い価格で入札する（または債務を全額支払う）ことで、債権者から企業を「買う」必要がある。**最初に負った債務の残高が多ければ多いほど、〈現職の経営者〉が担保可能性を高めるインセンティブは低下する。**対照的に、〈現職の経営者〉が企業を売却するか、新たな資金を調達しなければならない可能性が高ければ高いほど、担保可能性を高めるインセンティブは高くなる。

次に、将来の流動性が担保可能性の選択に及ぼす影響を考えてみよう。〈経営の専門家〉が合理的であれば、将来その企業に対して基礎《ファンダメンタル》的な価値以上の金額を支払うことはない。将来の流動性が非常に高いことが判明した場合、〈経営の専門家〉は、企業の将来のキャッシュフローと引き換えに借入をする必要はなくなり、企業を満額で購入できる富を手にすることとなる。もしそうなら、担保可能性が高まっても、〈経営の専門家〉が企業の購入に支払う入札額には影響を与えない。言い換えれば、将来の高い流動性は、債務返済を強化するための担保可能性の必要性を排除する。したがって担保可能性に影響するものは二つある。債務残高の水準と〈経営の専門家〉が予想する流動性である。次に、この二つの相互作用を考えてみよう。

好景気が起こり、〈経営の専門家〉が豊富な富を得られる可能性が非常に高いと想定されているとしよう。当初の企業借入は、企業の潜在的な高いリセールバリュー（再販価値）によって返済され、将来的には、裕福な〈経営の専門家〉が入札に高い担保可能性を必要とせずに、その企業に全額で入札するだろう。予想されるリセールバリューが高いと、企業が確実な返済を約束できる支払い額が増加し、したがって〈経営の専門家〉が企業に入札するために事前に借入できる金額が増加する。

将来の流動性が高い状態では返済のための担保可能性は必要がないため、こうした状態になる可能性が高くなると、債権者はたとえ高水準の債務が〈現職の経営者〉の担保可能性を強化するインセンティブを排除することがわかっていても、〈現職の経営者〉に事前に多額の融資をするようになる。さらに、〈経営の専門家〉の入札、ひいては債権者の権利を強化するために担保可能性が必要となる流動性が低い状態となる可能性があっても、融資を行うようになる。予想される流動性は多額の借入を促進し、担保可能性を排除しかねない。そしてその後に流動性が低い状態になると、担保可能性が低く設定されているため、企業の債務の強制執行力および債務能力が大幅に低下することとなる。〈経営の専門家〉も同様に不景気の影響を受け、個人資産は目減りし、また企業のキャッシュフローの担保可能性が低いため、将来のキャッシュフローと引き換えに企業買収のための借入をすることもできない。企業に対する外部からの入札額が低いことから、債権者の債務返済への強制力も低下する。負債の借り換えは不可能になり、信用スプレッドは大幅に上昇する。企業が担保可能性を高めるまでには時間がかかり、経済の流動性が再び高まるまでにはさらに時間がかかる可能性があるが、それまで信用スプレッドは高止まりするだろう。

住宅ブームの例

住宅ブームを参考にすると、そのダイナミクスが理解しやすくなる。住宅が飛ぶように高値で売れているのだから、いざとなれば住宅を簡単に差し押さえて売却して利益を上げられると住宅ローンの貸し手が察すれば、住宅ローン申請者に仕事や収入があるか、さらに審査する必要はどこにもなかろう。将来の流動性が高い時期には、ローンにおける通常の予防措置《セーフガード》や事前調査《デューデリジェンス》が省略される。米国の住宅バブルの産物の一つは、無収入（No Income）、無職（No Job）、無資産（no Assets）の頭文字をとった悪名高き「ニンジャ（NINJA）ローン」であった。重要なのは、国内の信用ブームにおける個々の企業の経験は、いみじくも住宅ブームと似通った道筋をたどるということだ。将来の高い流動性への持続的な期待（潜在的な資産購入者が裕福で企業資産に高い価格を支払うことができるという期待）は、企業が債務を積み上げるインセンティブになりかねない。借り手の側からすると、デットファイナンス（借入による資金調達）はつねに歓迎すべきものなのだ。なぜなら、より少ない自己資金で事業を運営できるからだ。貸し手の側からすると、高い流動性が期待できるため、債務の回収が容易になる。なぜなら、借り手の支払いが滞っても、貸し手は連邦倒産法第十一章《チャプターイレブン》を通じて企業の資産を差し押さえて高値で売却することができるからだ。しかしながら、高いレバレッジと高い期待値の流動性の組み合わせは、経営上の不正行為を抑制するためのガバナンスを整備するという経営者のインセンティブも低下させる。理由は、融資が十分期待でき、さらに追加の融資が必要となる可能性が低いのに、わざわざコストのかかる制約的なガバナンス（厳密な会計規則、財務制限条項、厳格な監査人など）を整備する必要がないからだ。

以上が国内の状況である。要点をまとめておく。資産をめぐって事前に競争があり、富に制約がある〈経営の専門家〉は、〈企業の資産に見合う〉十分な価格で入札をして落札すべく、可能な限り借入をする。貸し手の債務回収は、他の外部の〈経営の専門家〉による高額な将来の入札に依存している。これらの入札は、より高いキャッシュフローの担保可能性（企業を買収した後に〈現職の経営者〉によって設定される）と、将来の入札候補者の流動性（すなわち富）の双方によって強化される。予想される流動性が急激に高まると、事前の借入が強化されると同時に、〈現職の経営者〉が設定する担保可能性が低下する。高い流動性が維持されればガバナンスの劣化は問題にならないが、流動性が枯渇すると、企業の借入能力を支えるものがほとんどなくなるため、問題が生じる。言い換えれば、流動性に対する高い期待は、企業が債務をロールオーバーするために将来の継続的な流動性に依存する状況を生み出す。それが実現しない場合、突然の機能停止に見舞われる。企業の経済見通しが依然として明るい場合でもこのような事態は起こり得る。

国際面を考慮したモデル

次に、この企業が新興国市場（または欧州周縁国）に置かれていると想定してみよう。膨大な新たなエビデンスに基づいて、さらに三つの仮定を追加する。第一に、新興国市場の国内企業（前節のモデルにおける〈経営の専門家〉）は、資金流出の源となっている国からの、あるいは出所はどこであれそれらの国々の通貨建ての、多額の借入残高を抱えている。資金の源となっている国はたいてい米国で、通貨はドルだが、本書ではより一般的な事象に焦点を当てる（例えば、国内企業が外貨建て債務を負いかねない理由については、Gopinath and Stein 2021を参照）。

第二に、資金の源となっている国の緩和（引き締め）金融政策は、資本を受け入れている新興国市場の国内通貨の高騰（下落）につながる。[*2] 新興国市場の〈経営の専門家〉である国内企業はすでに外貨借入をしているため、このことは海外借入の返済に必要な国内通貨の額が減少するにつれて、純資産、ひいては流動性が増加すると予想されることを意味する。資金の源となっている国の金融政策は国内の低成長に積極的に反応し、正常化に時間がかかる。特に低インフレの時代には、新興国市場への資本流入と通貨高は相当なものとなる可能性がある。[*3] ドルで借入した国内企業の将来の購買力が国内通貨の高騰に伴って高まると予想されるため、貸し手は他の国内企業への信用を大幅に拡大しようとするだろう。これは事前の借入の増加と資産価格の上昇につながる。しかし、これは企業部門が内部統制への配慮を怠ることにもつながる。そして、そのデットキャパシティは流動性の継続的な利用可能性に過度に依存するようになる。

第三の仮定は、いずれにしてもある時点で、資金の源となっている国の金融政策は正常化するということだ。資金の源となっている国の政策の引き締めは、新興国市場通貨の下落につながり、企業の流動性は高まるどころかむしろ低下することとなる。それに加えて、貸し手は流動性低下が継続する可能性が高いと予想しているため、引き締め開始時のレバレッジは非常に高くなっている。流動性が低下するばかりでなく、コーポレート・ガバナンスも怠られてきたため、債務返済と債務をロールオーバーする能力は失墜することとなる。高いレバレッジとデットキャパシティの急落の組み合わせは、国内外の金融機関がローンの更新に消極的になることを意味する。企業部門が多額の既存の短期借入を抱えている場合、デットキャパシティの低下により経営に行き詰まり、企業は即座に財務危機に陥りかねない。

予想される流動性の崩壊は、資金の源となっている国の金融政策スタンスの変化に起因しかねないが、それは新興国市場におけるマクロ経済政策やその信頼性の有無と必ずしも関係があるわけではない。言い換えれば、新興国市場の好不況は、資金の源となっている国の金融政策からの純然たる波及効果《スピルオーバー》である可能性がある。いわゆるテーパータントラムは、先進国の金融政策の変更（あるいは変更への期待）がいかに新興国市場に悪影響をもたらすかを示す好例である。

どうして標準の政策が機能しないのか

世界金融危機が起きる以前は、政策立案者たちは、世界は金融政策の最適化に達し、それが経済変動の「大いなる安定」に貢献していると自認していた。当時の世界では、金融政策の唯一の目的は国内物価の安定であり、それは柔軟《フレキシブル》なインフレ目標によって達成されていた。このシステムは、為替レートを必要に応じて変動させることによって、為替市場への介入や準備金の積み立ての必要性を排除していた。例えば、ある国に資本流入があり、為替レートの高騰が許容されたとしても、将来の下落の見通しにより期待収益が減少するにつれて、最終的には資本の流入が停止するものとみられていた。

二〇〇七年から二〇〇九年にかけての世界金融危機以降になされた膨大な研究は、この見解は自己満足に過ぎないことを示唆している。資本流入による波及効果《スピルオーバー》は、為替レートの高騰を許容しても相殺することはできない。むしろ、それを実行した多くの国々で、先行した投資家が実現した利益を追い求めて、さらに多くの資本が流入するようになった[*4]。

実際、本章が採用したモデルは、為替レートの変動が資本流入国の企業の流動性の変動の重要な要素となることを示している。新興国市場は、輸出の競争力を高めるために通貨を操作しているとしばしば非難されてきた。しかし流入国の当局が恐れ、自国通貨のドルに対する変動や自由度を許容するもととなっているのは、必ずしも貿易競争力への懸念だけではない。本章が採用したモデルは、ハウスマンら（Hausmann et al. 2001）やカルボら（Calvo et al.2002）によって説明された「変動為替制への恐怖」が、実際にはマクロプルーデンス政策の一形態であり得ることを示している。すなわち本章のモデルの観点からすると、持続的な高騰は金融の脆弱性の種をまく。そして、それは急激な下落が起きた際に具現化する。当局は何度も同じ目に遭い、その結末を知っているため、通貨の変動と闘いながら慎重に行動しているのである。

むろん多くの新興国市場が、持続的な自国通貨高に対して外貨準備高を増やすべきであることは百も承知している。ドル安は自国通貨高に典型的に対応するものであるため、多くの新興国市場におけるこうした外貨の購入は、このような時期における「安全な」資産への需要の広がりとも見てとれよう。だが実際には、これは避けられない通貨安と闘うために軍資金を築きながらも、通貨高を遅らせようとする流入国側の対抗策である。ホフマンら(Hofmann et al. 2019)は、為替介入が企業借入の増加を円滑にすることを示すエビデンスを提供しているが、これは本章が採用したモデルの基本的な予測でもある。もちろん、そのような介入はモラルハザードになる(中央銀行が通貨の変動を円滑にすると、企業は外貨での借入リスクが低下すると見てとる)。それゆえ、中国やインドのような一部の新興国市場では、企業の海外借入もコントロールしようとしているのだ。

残念ながら、当局が国内経済を大きく混乱させない手段は他にほとんどない。重要なのは、流入国における金融政策の引き締めは、企業借入の通貨構成をさらに「安価な」ドルにシフトさせる(そして自国通貨高をいっそう進める)リスクがあるということだ。一方、より緩和的な政策は国内での過剰な信用拡大を促進する可能性がある。

低水準のインフレのため、資金の源となる国の金融政策が長期にわたり緩和的になるにつれて、資本流入国の好不況の傾向はより顕著になる。パンデミック以前の数十年間がまさにそうした事態だった。[*5] 流入国の観点からすると、資金の源となる国における「長期低金利」へのコミットメントは、(撤回されるまで)流入国における持続的な緩和的な流動性へのコミットメントとなる。これは、レバレッジの大幅な増大と財務の脆弱性を暗に意味する。様々な新興国市場の政策立案者が、資金の源となる国での緩和策の継続と、それらが突然撤回される可能性の双方に懸念を表明しているのも無理はない。これらの懸念は矛盾するものではない。すなわち、いたちごっこなのである。

追記：カール・ブルナー講演の後、ベルガントら（Bergant et al. 2023）は、提示したてのモデルの詳細をテストし、それと一致するエビデンスを発見した。

多国間の行動の範囲

これらの波及効果《スピルオーバー》に対して、資金の源となる国にはどのような責任があるのだろうか。波及効果《スピルオーバー》は主に資本受入国の不十分な為替レート調整に起因するという見解は、資金の源となる国には責任がないことを示唆している。これは実は国内の使命《マンデート》に重きを置いている一部の先進国の中央銀行当局が支持している見解である。もし彼らの使命《マンデート》に国際的な責任の要素も含まれているとしたら、同じ見解を持つかどうかは諮りかねる。また、波及効果《スピルオーバー》があるかもしれないと認識しても、流出国の行動を変える可能性を考慮しない中央銀行当局もいる。

その代わり、ＩＭＦと同様に、いわゆるマクロプルーデンス政策と資本受入国における資本フロー対策に重きを置く。[*6] だが、マクロプルーデンス政策の範囲は狭い。つまりジェレミー・スタインが論じたように、金融政策は「あらゆる隙間に浸透する」ものであるが、マクロプルーデンスの当局は金融システムの一部のみにしか権限がおよばないことも多い。マクロプルーデンス政策はまだ効果もあらわれていない。より幅広い見地から重要なのは、マクロプルーデンス・ツールの使用を排除することではなく、それらがほとんど試されておらず、金融政策が広範な懸念に対処する必要性に迫られたときのバックアップにはならないことを肝に命じておくことである。

経済学者の中には、状況によっては流出国の中央銀行の行動を制約する金融政策ルールが必要だとする者もいる。これについては、第3章でいくつかの可能性を示す。例えば、特定の環境における特定の種類の非伝統的金融政策措置は、その甚大で有害な波及効果《スピルオーバー》ゆえに、秩序に反すると判断される可能性がある。為替レートへの一方的な介入を持続することが最近まで眉をひそめられていたのと同じように。そのようなルールに従うことは利他主義云々の問題ではない。ＩＭＦ協定条項に署名した国々は、自らの行動がもたらす国際的な結果に対する責任をすでに受け入れている。こうしたルールは、中央銀行の使命《マンデート》を変更したり、国際的な調整を必要としたりすることなく、極端な状況下での中央銀行の行動を制限するであろう。そうであれば、中央銀行はルールに反する政策を自ずと避けるであろう。実際、G20から世界的な金融構造の変更を提言するタスクを課された賢人グループ（EPG）は、「ルールに基づいた国際的な枠組みの必要性」を指摘し、「包括的かつ進化するエビデンスベースに基づいて（…）各国が金融安定性へのリスクを管理しながら、甚大な波及効果《スピルオーバー》を伴う政策を回避し、回復力のある市場を発展させ、資本フローから利益を得られるよう、政策上のアドバイスの提供を促すべきである」としている。*7 さらに、流出国が「甚大で国際的な波及効果《スピルオーバー》を避けながら国内目標を達成できる」枠組みをIMFが開発すべきだ、と付け加えられている。

もう一つ興味をそそられる可能性がある。本章で採用したモデルは、長期にわたる緩和的な金融政策がレバレッジを強化し、資産価格をつり上げ、資金の源となる国自体の金融安定性に対するリスクを増大させる可能性があることを示している。資金の源となる国の中央銀行の金融政策に国内金融安定性の使命《マンデート》が含まれているのであれば、外部波及効果《スピルオーバー》をも軽減する形で政策措置が変更されることは十分にあり得る。この点については、最終章でもう一度触れる。

第3章

国際金融ゲームの新しいルール

第2章では、資金の源となる国の一方的な金融政策が、為替レートや資産価格の変動だけでなく、資本フローを介して国境を越えて波及する可能性があることを見てきた。さらに金融の世界ではおしなべて、国境を越えた貿易、投資、決済、資本フローを通じて、さらに統合化が進んでいる。にもかかわらず、中央銀行の目的と責任は依然として完全に国内的なものである。政治家が中央銀行の責任を拡大しても国内政治的な見返りはないのは明らかだ。さらに、中央銀行当局も、自らの行動の国際的な波及効果《スピルオーバー》を考慮するという煩雑な作業を、ただでさえ難しい仕事に組み込みたくはない。そして、機軸通貨国が利回りを貪るために資本の対外的な出口を見いだすかたわら、新興国市場や発展途上国が不安定な資本フローの影響に甘んじている限り、変化を強力に支持する者は出現しない。つまり、これはだれもが認識している問題だが、実際には誰も対処したくないのである。

たとえそうした意欲があったとしても、問題に対処するのが難しいのは明らかだ。そして、来るべき中央銀行デジタル通貨とグローバルなステーブルコインの到来によって、資本フローがさらに急速になると、事態はさらに困難になるだろう。IMF[*1]のプラチ・ミシュラと私は、関連する問題を調査し、ゲームの新しいルールをどのように確立すべきか問うために、以下の論文を記した。この段階では、政治的な実現可能性についてあまり気にかけないほうが賢明だと思われた。なぜなら、混乱や危機も含めた発展は、多くの場合、思ってもみなかったことを可能にするからだ。その代わり、技術的な実現可能性に重点を置いた。すなわち、具体的なルールを設定するのに十分な知識を本当に持ち合わせているのか、そうでない場合はどのように進めるべきか、検討を重ねた。

〔30年代の〕大恐慌時代に持ち上がった破壊的な近隣窮乏化政策を回避するために、戦後のブレトンウッズ体制は、各国が不公平で持続的な競争で優位に立つために誘導する通貨安を阻止しようとした。この体制では、固定されているが場合によっては調整可能な為替レートと、国境を越えた資本フローの制限が必要だった。国が為替レートを固定するペッグをいつ変動できるか定めたこれらの精緻なルールは、ブレトンウッズ後の世界では崩壊し、為替レートが大幅に柔軟になり、自由競争《フリーフォーオール》に取って代わられた。唯一の禁止された活動は、ある国による為替レートへの一方的な持続的な介入であり、特に経常収支が黒字だった場合には厳しく禁じられた。政策の正常化については、資本移動の体制の中での自国にとって最善の行為が、ひいてはグローバルな均衡にとっての最善の行為につながるであろうというのが、当時広く受け入れられていた見解であった。例えば、積極的な金融政策を通じて為替レートを不当に下落させようとしている国では、一時的な競争上の利益を相殺するようにインフレが上昇するであろうと。ちなみに我々の論文はこれについての立場を保留しているが、たとえそのような自動調整がかつては機能していたとしても、世界の環境が変化した。世界金融危

機からパンデミックまでの間の状況下で、次のような変化があった。

・人口高齢化と生産性低下の影響が十分に理解されていないことにもよる、総需要の低下
・大規模な資本移動を伴う、さらに統合された開かれた世界
・政府および民間の多額の債務負担
・持続的な低インフレーション

このような状況は、将来再び起こり得るものであり、過剰な低インフレを回避すべきというプレッシャーや、国内の失業率を下げるために成長を回復する必要性により、各国の当局が非伝統的金融政策にいっそう頼らざるを得なくなりかねない。為替レートや金融市場介入についても同様である。これらの政策は他国に甚大で有害な波及効果《スピルオーバー》をもたらしかねない。ほとんどの中央銀行の国内の使命《マンデート》については、国外への有害な波及効果《スピルオーバー》を全面的に考慮することは法的に認められておらず、国内に幾ばくかでもプラスの効果がある限り、おそらく積極的な政策の実施を余儀なくされるであろう。その結果、世界は一斉に最適ではない道に踏み出しかねない。このような情勢において責任ある政策を確保するためには、ゲームのルー

ルを再検討する必要がある。本章では、考慮する必要がある問題をいくつか提案する。

現在のシステムの問題点

すべての金融政策には外部への波及効果《スピルオーバー》がある。ある国が国内金利を引き下げると、通常、為替レートも下落し、輸出が促進される。通常の状況下では、金利低下が国内消費と投資に与える「需要創出」効果は、為替レート低下による自国製品の外需拡大による「需要切り換え」効果に比べて小さくはない。実際、内需の拡大が相当量の輸入を呼び込み、他国の出費となる輸出の増加を相殺するため、世界の他の地域への波及効果《スピルオーバー》は、ネットではプラスになる可能性もある、という主張もあり得るだろう。

金融危機後の世界や各国が採用した非伝統的な金融政策では、問題はそれほど明確になってこなかった。例えば、金利に敏感な経済分野が既存の債務によって制約されている場合、金利低下は内需拡大にほとんど効果を及ぼさないだろうが、為替レートを通じた需要切換効果は継続するかもしれない。同様に、国内プレイヤーから長期債券などの資産を購入するという非伝統的な「量的緩和」政策は、たしかに長期金利を引き下げるかもしれないが、総設備稼働率が低い場合には国内投資に影響を及ぼさないであろう。いざとなったら、貯蓄者は資産価格の歪みの増大に反応して、貯蓄を増やそうとするかもしれない。また、年金基金や保険会社などの特定の国内機関投資家は、将来の支払いに備えるために長期債券の高金利が必要な場合、歪みの少ない海外市場でそのような債券を購入するという反応を示すこともあろう。このような利回りの追求は為替レートを下落させることとなる。もしそうなら、この政策の内需に対する効果は、需要創出チャネルよりも、為替レート低下による需要切換効果のほうが勝るかもしれない。[*2]

他の国々は非伝統的金融政策の結果に反応できるはずだが、適切に反応しようとせず（例えば、緊縮策や、自国為替レートの上昇を容認するなど）、このことが問題の種になっている、と主張する経済学者もいる。[*3] とはいえ、通貨および金融の安定性に対する懸念が、これらの国々（特に制度的にあまり発展していない国々）の経済戦略に長けている国から発せられる混乱を相殺するための対応の妨げになっている可能性もある（第1章および第2章を参照）。世界的に責任ある政策の評価は、世界を理論的な仮想と扱うのでなく、ありのままに捉えるべきである。

結局のところ、すべての国が需要切換政策に取り組むと、「底辺への競争」が起こる可能性がある。各国がそのような政策から抜け出すことが知らず知らずのうちに難しくなっている場合もある。なぜなら、競争から離脱した国に対する即時的な影響は、為替レートの深刻な高騰と国内経済活動の停滞となりかねないからだ。さらに、前章で論じたように、積極的な金融緩和が資産市場の歪みと債務の増大をもたらすとすれば、非伝統的政策の中期的な結果は必ずしも恩恵をもたらすものではなく、最終的には悲惨な結末を招く。

これまで本書では、ある国の金融政策が世界の他の国々に与える為替と金利の影響に焦点を当ててきた。ブレトンウッズ体制以降、ある国の金融政策の世界の他の地域への伝達に明らかに関係するチャネルは、資本フローを通じたものとなった。これらは金利差だけでなく、流出国の金融政策に影響された、リスクやレバレッジに対する制度への取組みの変化によっても引き起こされている。世界金融危機後の新興国市場への資本フローは大きくなっている。これは、いくつかの新興国市場が流入の吸収を避けようとおおいに抵抗したにもかかわらずである。

その影響を受けて、新興国市場経済における企業のレバレッジは大幅に増加した。[*4] この増加には以下のことが反映されている可能性がある。それは、国境を越えた銀行取引の直接的な影響、資金の源となる国の金融政策に起因する世界的なリスク回避の変化、[*5] 借入能力を見込んだ将来の豊富な流動性の約束（第2章を参照）、為替レートの上昇と資産価格の上昇による間接的な影響、である。このため新興国市場の借り手は実際よりも多くの株主資本を持っているように見えかねない。[*6]

このような資本フローの意図せざる結果は、流出国の金融政策に大きく左右され、すぐに反転しかねない。二〇一三年のテーパータントラムの時とまさに同じように。これは、それらが信頼できる資金源ではないことを意味しており、そのため、新興国市場の中央銀行は、資本フローが反転した場合に備えて十分な流動性のあるストック（つまり外貨準備高）を構築する必要がある。さらに、新興国市場の中央銀行が借り手に提供する流動性保険は必ずしも万全ではないため、資本フローが反転すると、財政的・経済的苦境に陥る傾向にある。先進国の金融政策スタンスによって引き起こされたり引き戻されたりする資本フローは、流入時にリスクを生み出し、流出時に苦痛をもたらす。これらは、犠牲の大きい波及効果《スピルオーバー》であると同時に、新興国市場の金融の柔軟性に対する重い制約にもなる。

肝心なのは、ある政策が「金融政策」や「非伝統的政策」などと銘打たれていたとしても、それが世界にとってネットで有益であるとは限らないということだ。すべての金融政策に外部波及効果《スピルオーバー》があるが、すべてが正当化されるわけではない。重要なのは、需要創出効果と需要転換効果の相対的な規模と、他の金融部門への波及効果《スピルオーバー》すなわちネットの波及効果《スピルオーバー》の規模である。*7

もちろん、今日の政策立案者が国外への波及効果《スピルオーバー》をあまり重視していない主な要因は、ほぼすべての中央銀行がもっぱら国内経済に対する使命《マンデート》を負っているためである。例えば、インフレ使命《マンデート》の下限に抵触するおそれがある場合、外部への影響がどのようなものであれ、インフレ率をインフレ目標に戻すためにあらゆる可能な政策を適用することが求められる。いざとなれば、持続的かつ一方向的な方法で為替レートに直接介入することもできる。ただし、国際的には、かつての基準では、これは国際的な責任の放棄とみなされる可能性があったものだが。現在の情勢が意味するところは、中央銀行は口にするのがはばかられる事態（為替レートが主な伝達チャネルとなり外部への波及効果《スピルオーバー》が重大な悪影響を及ぼしかねないという事態）を認めることなく、国際舞台で自らの政策を正当化するあらゆる方法を模索している、ということだ。残念ながら、たとえ国際的な責任を放棄することを望んでいなくても、国内の使命《マンデート》により他に選択肢がなくなることもある。以下では、国内の使命《マンデート》が国際的な責任よりも優先されないことを前提として、金融行動の賢明なルールを検討していく。

新たなルールの原則

一国による金融政策は、重要な国境を越えた波及効果《スピルオーバー》をもたらす可能性がある。このような波及効果《スピルオーバー》が無視されると、各国は国内にとって最適な政策を実施するものの、他国に犠牲を与えかねない。容認可能な行動の限界を定めた一連の新しいルールや原則に各国が合意すれば、非効率性が削減され、より良いグローバルな成果がもたらされる可能性がある。これは各国が政策を調整しなければならないという意味ではなく、大きな負の外部効果をもたらす前述の政策において、各国がより善良な地球市民にならなければならないということを端的に意味している。過去には、そのようなルール（為替レートへの一方向介入を継続しないというルール）が存在したこともあったが、新たな非伝統的政策が数多く導入されたため、新たな、明確で、相互に受け入れ可能なルールを見い出す必要がある。

何を新たなルールの根拠とすべきだろうか。まずは、研究の成果と議論に基づいて政策を幅広く評価すべきだろう。運転に例えると、有害な波及効果《スピルオーバー》がほとんどなく、国際社会によって奨励される政策は青信号と評価され、一時的に慎重に使用されるべき政策は黄信号と評価され、つねに避けるべき政策は赤信号と評価できよう。この節では、格付けの大原則と、今日の経済学者のツールを用いた実証分析によって政策の明確な格付けを提供できるかどうかについて論じる（結論を先に言うと「否」である）。とはいえ、本節で論じるような広範な原則が合意されれば、まだ前進の余地があるかもしれないことを検討していく。

政策を評価する枠組みを強化する際には、多くの問題を考慮する必要があるだろう。

・国外に有害な波及効果《スピルオーバー》を及ぼす政策は完全に避けるべきだろうか。それとも、政策の世界的なネットの効果を測定するために、本国での利益を加えるべきだろうか。言い換えれば、政策を判断する際に、世界的な厚生の増大を考慮すべきだろうか、それとも他国へのネットの波及効果《スピルオーバー》のみを考慮すべきだろうか。

・波及効果《スピルオーバー》の測定では、他国の政策反応を考慮すべきだろうか。言い換えれば、政策は部分均衡効果に基づいて判断されるべきなのか、それとも一般均衡効果に基づいて判断されるべきなのか。

・政策の選択肢を使い果たし、長期にわたって低成長に陥っている国々に対して、国内の利益をより重視し、有害な波及効果《スピルオーバー》を軽視すべきなのか。たとえ他国にコストを押しつけることになったとしても、各国の「活性化《ジャンプスタート》」を許容すべきだろうか。

・波及効果《スピルオーバー》は中期的な期間で測定すべきか、それともある時点で評価すべきか。
・制度が脆弱で、効果的な政策手段が乏しい貧窮国に対しては、波及効果《スピルオーバー》（プラスとマイナスの両方）をより重視すべきだろうか。
・波及効果《スピルオーバー》は、影響を受ける人口に重きを置くべきか、それとも効果の金額に重きを置くべきか。

以下に、いくつかの暫定的な回答を示す。

一般的に、時間の経過とともにネットで有害な海外への波及効果《スピルオーバー》を及ぼす政策は赤信号と評価され得るので、回避する必要がある。このような政策には、自国（政策措置が開始される場所）には小さなプラス効果があるが、海外への波及効果《スピルオーバー》が生じる場所には大きなマイナス効果をもたらす政策が含まれることは明らかである。例えば、非伝統的金融政策措置が新興国への輸出を促進することで一部の先進国の軽微な回復につながる一方、新興国への大規模な資本フローや資産価格バブルにもつながる場合、これらの政策は赤信号と評価され得る。

ある政策が自国と外国の双方にプラス効果をもたらし、したがって世界の厚生にプラス効果をもたらす場合、その政策は間違いなく青信号と評価されるであろう。従来の金融政策は、国内経済の産出量を増加させ、外国経済からの輸出需要を生み出すため、このカテゴリーに分類される。しかし、そのような政策に対する青信号の格付けは、国内外の金融・信用サイクルの段階が、低金利による金融安定リスクが極めて限定的な状態であることを前提としている。[*8]

（政策の価値または国の相対的な規模によっては）本国に大きなプラス効果をもたらし、他国に小さなマイナス効果を持続する諸政策を視覚化することは可能である。大雑把に言えば、たとえ本国以外の厚生が低下したとしても、その政策によって世界的な厚生が向上することもある。詳細を精査せずにこうした政策を評価するのは困難だが、これらは正しくは黄信号のカテゴリーに属するものであろう。しばらくの間は許容されるが、持続的には許容されない。国内経済の成長を高めるための従来の金融政策であっても、各国の低金利が海外経済の重大な金融安定リスクにつながる財政段階にある場合には、黄信号のカテゴリーに分類され得る。

明らかに、諸外国には政策的に対応する余地があるので、その点は考慮する必要がある。例えば、（政策金利の）ゼロ下限制約にある本国Ａが量的緩和（ＱＥ）を開始すると、外国Ｂが資本フローと為替レートの上昇を避けるために利下げで対応することもある。ＱＥの波及効果《スピルオーバー》は、QEが実施されなかった場合のBの厚生と、QEが開始され反応した後のBの厚生に基づくこととなる。

また、閉塞状況に陥った経済の促進剤として機能し、その経済を活性化できる政策は、海外経済に一時的なマイナスの波及効果《スピルオーバー》をもたらすとしても、青信号と評価され得る（例えば、インフレ期待を変えるために為替レート目標を導入する、というラース・スヴェンセンの日本に対する提案）[*9]。たとえ外国に一時的な悪影響があったとしても、この政策は自国経済の成長と外国製品の需要への影響を通じて、最終的には世界の他の国々への大きなプラスの波及効果《スピルオーバー》をもたらすことによって相殺することができる。もちろん、促進剤を受けて成長を加速させた後、自国経済が他国へのプラス波及効果《スピルオーバー》を最小限に抑えるような政策（為替レートを長期にわたって抑制するなど）をとらないことが肝要である。つまり、固定的な基準では赤信号と評価される政策でも、長期にわたるコミットメントに基づいて青信号とみなされる可能性もある。これは、政策は単発の固定的な効果に基づいてではなく、中期的に評価されるべきであるということをも意味している。

目下論じているのは、長期間閉塞に陥っていて他に選択肢がほとんどない国には、有害な波及効果《スピルオーバー》をもたらしかねない政策であろうとも一時的に許容すべきだということである。しかし、その政策の中期的な適用が求められる場合はどうであろうか。ここで言う「閉塞（rut）」とは、時間の経過や国を超えた相対的な用語である。停滞している富裕国にフリーパスが認められるなら、歴史的に停滞している貧困国にも、自国の利益になることなら何でもできる永久パスを持たせるべきではなかろうか。他の多くの例外を認めずに、相対的な停滞や成長傾向からの逸脱に基づいて先進国に例外を設けることは困難であろう。

この点に関して言えば、貧困国は一般に制度が脆弱である。例えば、信頼性の低い中央政府や、ルールや監視機関に制約されない予算制度などである。その結果、政策によって波及効果《スピルオーバー》を相殺する能力は通常より制限される。さらに、貧しい国民は持続可能な最低ラインに近い生活を送っており、一般にセーフティネットも弱い。それゆえ貧困国への波及効果《スピルオーバー》をより重視すべき場合もある。どの程度重視すべきかを正確に決定するのは困難だが、政策がボーダーラインにあるときにどう評価するかを決定する際には、この側面は念頭に置いておくべきである。

これに付随する問題は、波及効果《スピルオーバー》を金額単位の集計値で測定すべきか、それとも人口を重視した「ユーティル」（効用や満足度を数値化した単位）で測定すべきかということである。繰り返しになるが、効用を決めるのは難しいので、おそらく最初の段階では、効用をさらに変換しようとせずに、波及効果《スピルオーバー》のドル価値で評価するほうが良かろう。これにより、国間や時間の経過とともに、政策のネットの効果を確認することが確実に容易になる。

こうして政策が赤信号、青信号、黄信号のいずれに評価されるかは、国内および海外の財政局面や景気循環局面などの多くの要因によって決定される。その政策措置が経済を活性化させるための促進剤となるのか、それとも穏やかな後押しのみで持続的に実施する必要があるのか。標準的な伝達チャネルが詰まったからといって、非伝統的な政策が正当化されるのか。外国に緩衝政策を適用する余地があるか。制度が脆弱で対応の余地に乏しい貧困国に波及効果《スピルオーバー》が及ぶかどうか、などである。

最終的に、評価を下すことのできる政策の例を以下に挙げる。

・直接的または「明らかな」為替レート操作。（例えば、ある国の為替レートを下落させる、または上昇させない、または何らかのベンチマークと比較して「過小評価」を維持することを目的とした、外国為替市場への大規模な介入によるもの）

・資産価格または為替レートに大きな影響を及ぼし、実体活動への影響が不確実であるその他の間接的な政策。非伝統的金融政策はこれに分類され得る。

・資本フローの促進、信用量の増加、資産価格バブルなど、金融部門に波及効果《スピルオーバー》を及ぼす可能性のある政策。これらは、金融システムを通じて甚大で有害な波及効果《スピルオーバー》を及ぼしているとも考えられる。先進国における極めて長期間にわたる低金利政策は、このカテゴリーに分類され得る。

この節を締めくくる前に、このゲームのルールの提案に対する五つの一般的な反応について説明しておこう。

中央銀行は、たとえ国内の使命《マンデート》があるとしても、すでに政策の跳ね返り効果《スピルバック》を考慮に入れている。：これは事実だが、跳ね返り効果《スピルバック》（例えば、貿易相手国の成長の低下とそれに伴う輸入の減少などを通じて、資金の源となっている国に逆流する際の政策の部分的な影響）は、波及効果《スピルオーバー》のほんの一部に過ぎないこともある。

中央銀行はすでに様々なフォーラムで政策を議論し、コミュニケーションと透明性の確保に努めている。：一理あるが、オープンなコミュニケーションと透明性は依然として、「自身の政策と相手の問題」を言い合っているに過ぎない。

波及効果《スピルオーバー》を考慮に入れると、ただでさえ困難な政策立案が過度に複雑になり、コミュニケーションが不可能になるだろう。：一理あるが、おそらく各国はすでに跳ね返り《スピルバック》効果を考慮しており、これには他国の政策反応関数の推定も含まれる。波及効果《スピルオーバー》を考慮しても複雑さには大差なかろう。

ルールはシステム上重要な中央銀行のみを制約することになる。：おそらく、比較的小さな国も義務を負うことになるだろうが、金融政策の結果は非対称であり、国の重要性に依存するのが現実である。ややもすれば、このことは特権と権力の源となる。本章では、それに見合う義務をいくつか提案している。

ルールはおしなべて、中央銀行が国内の使命《マンデート》を果たす能力に影響を与えることになる。：一理あるが、だからこそ、我々は最終的には、この統合された世界において、国内の使命《マンデート》を国際的な義務と調和させる方法を探求しなければならない。国際協調が求められる他の多くの分野（炭素排出量など）では、世界の他の国々のコストを顧みずに、自国の利益を最優先して勝手な行動を取ることを主張する国はほとんどない。波及効果《スピルオーバー》があまり懸念されていないときに金融の使命《マンデート》が設定されたからといって、金融政策がフリーパスを獲得しているわけではない。

波及効果《スピルオーバー》の推定に関する実証研究の論文は急増している。[*10] その多くは、特定の政策による国境を越えた波及効果《スピルオーバー》を測定するのではなく、国債利回りや為替レートなどの目的変数の国際的な伝播を分析することに焦点を当てているようだ。特定の政策からの波及効果《スピルオーバー》を測定しようとしたとしても、波及効果《スピルオーバー》の特定は依然として検討中となっている。

こうした最新の研究を踏まえると、そのような分析の使用は、せいぜい政策を評価するための議論のベースにとどめておくのが賢明であろう。代わりに、多くの政策を黄信号ゾーンに分類し、さらなる調整によっていかにしてより機能的で実質的な青信号に導くことができるかについて議論を重ねるべきである。経験と事後分析によって、一部の政策は本当のところは赤信号に分類されるべきだったと判明することもあるだろう。時間の経過とともに、分析に経験を加味することによって、政策をより正確に評価できるようになるだろう。

どのように進めるか

その次の懸案事項は以下のとおりである。誰が波及効果《スピルオーバー》を評価すべきか。特定の政策からの波及効果《スピルオーバー》やその政策の評価について議論するのに適切なフォーラムはどのような場か。どのような段階を踏むべきだろうか。

著名な有識者グループ

国際機関の運営に当たっての制約と政治的問題を考慮すると、世界中からふさわしい代表者を募った著名な有識者グループによって検討を開始し、波及効果《スピルオーバー》を査定し政策を評価するのが適切であろう。バーゼルの国際決済銀行に集まる中央銀行総裁たちに定期的な評価を提供してもよい。

国際会議

中央銀行総裁たちがある程度の手応えを得たなら、おそらく次のステップは、ＩＭＦ理事会、国際通貨金融委員会、Ｇ20などの会合で国際的な波及効果《スピルオーバー》について議論し、他の政策立案者を巻き込むことだろう。議論は、ＩＭＦなどの伝統的な情報源と、有識者グループや新興国の中央銀行などの非伝統的な情報源の両方から提出された報告書に基づいて行われることになる。これらの報告書は、波及効果《スピルオーバー》の性質とその規模を区分けし、政策措置を導入するための分類を試みるものとなるだろう。十中八九、最近の多岐にわたる政策をどの色の信号に帰すべきかについては、多くの迷いが生じることだろう。しかし、議論によって、参加者はより良いモデルとデータによって政策を分類する方法、およびモデルとデータ収集を改善する方法の双方を理解できるようになるだろう。

正式なルールに先立つ国家の責任

政策を議論し理解を深めようとする際には、国際通貨システムに影響を与える政策は漏れなく俎上に載せるべきである。重要なのは、政策に「金融」というラベルが表示されているからといって、自動的にフリーパスを付与すべきではないということだ。なぜならその政策には中央銀行の国内の使命《マンデート》が含まれるからだ。重要となるのは、政策立案者の使命《マンデート》、公言された意図、手段ではなく、波及効果《スピルオーバー》を含む実際の伝達チャネルと結果である。政策立案者は、報告書に応じて自らの政策措置を表明して説明し、その政策が青信号や黄信号に該当することを国際社会に納得させるよう努めるべきである。

国際会議

国際社会がゲームの賢明なルールの構成要素と、そのルール上で政策を分類する方法について理解を深めていくにつれて、有益なルールに対する理解を実行に移す方法を確認するために、国際会議の開催が求められるであろう。その際、中央銀行の国際的な責任と国内の使命《マンデート》とにどのように折り合いをつけるかについての議論が求められるであろう。中央銀行の使命《マンデート》を変更することは政治的に難しいことは分かりきっているため、会議ではどうしたら国際的な責任を既存の使命《マンデート》に織り込むことができるか議論しなければならない。ブレトンウッズ体制の方針に沿った新たな国際協定が必要なのか、それとも各国当局の使命《マンデート》の変更に伴う国際通貨基金協定条項の微修正で多くのことが達成できるのかを判断する必要があるだろう。

国際通貨基金の役割

国際通貨基金（ＩＭＦ）はどのような役割を果たすことになるだろうか。加盟国の義務と基金の権限は協定条項に基づいて定められている。第四条第一項では、ＩＭＦ加盟国が「秩序ある為替取極を確保し及び安定した為替相場制度を促進するため、ＩＭＦ及び他の加盟国と協力する。」という一般的義務を負っていることが明確にされている。「一般的義務」の意味は定款では明確ではないが、「基金が加盟国に特定のアクションを取るか、特定のアクションを控えるよう求める根拠として依拠」され得るものであろう。[*11] 第四条ではさらに、「各加盟国は、特に、(…)(iii) 国際収支の効果的な調整を妨げるため又は他の加盟国に対し不公正な競争上の優位を得るために為替相場又は国際通貨制度を操作することを回避すること」と述べられている。さらに加盟国の為替政策への指針の原則（一九九七年採択、二〇〇七年見直し）では、「加盟国はその介入政策において、介入する通貨の国の利益を含む他の加盟国の利益を考慮しなくてはならない。」と述べられている。

協定条項や原則は「操作」を詳細に定義していないが、ＩＭＦ（IMF 2007）は、「為替相場の『操作』は為替相場の水準を対象とした政策によって行い、実際に影響が現れた場合にのみ成立する。また操作は為替相場を変動させるか、かかる変動を抑止するもののいずれも含む」とし、操作の解釈の範囲を狭めている。

実際には、政策がある水準の為替レートの達成を目標としているかどうかを判断するのは難しいだろう。外国為替市場への介入などの直接的な政策措置や、金融政策、財政政策、貿易政策や資本移動の規制などの間接政策も、意図や目的に関係なく、為替レートの水準に影響を与える可能性があり、「操作」と解釈され得る。おそらく、協定条項の解釈は、主に為替レートに影響を及ぼし、その結果、近隣窮乏化政策につながる、より広範な政策を含む範囲に拡大することができるだろう。

協定条項には為替政策に関する加盟国の義務が含まれているが、各国固有の政策が世界的な金融安定性に与える影響については条項のどこにも触れられていない。加盟国の義務は、国内の成長目標に関してのみ考慮される。例えば、条項に基づいて、経済が弱い国は、国内総生産と雇用を刺激するために緩和的な金融政策を追求することができる。他国の金融安定性に対するそのような政策の影響にもかかわらず、その国は自国の政策が第四条第一項(i)に沿っていると主張するだろう。この条項は、各加盟国が「経済上及び金融上の政策を物価の適度な安定を伴う秩序ある経済成長を促進する目的に向ける」ことを許容するものだからだ。より現実的には、国際通貨基金の条項は、ゲームのルールに関する議論に基づいて、変更する必要があろう。

さらに、加盟国の為替レート政策や、金融部門に重大な波及効果《スピルオーバー》をもたらすその他の政策

（及び、そのような政策に関する公式声明）に対する国際通貨基金の広範の政策監視（サーベイランス）は、投資家に悪影響の可能性を警告するのには役立つが、条項にない限り、各国は国際通貨基金のアドバイスに従う義務はない。したがって、こう問題提起したほうが適切かもしれない。理事会が特定の国がゲームの新しいルールに基づく義務に違反していると判断した場合、国際通貨基金は実際に何ができるのだろうかと。楽観的な見方をするなら、特定の国の行動が世界の他の国々にとってマイナス面となることをはっきりと示せば、世界中から政治的、経済的圧力がかかり、その国を抑止することになるだろう。ゲームの最終的なルールが明確であればあるほど、この結果が得られる可能性は高くなる。しかし現実的には、各国の素行を改めさせる手段として道徳的勧告（あるいは名指し批判《ネーム・アンド・シェイム》）を行った世界的な事例はあったとしても混沌としている。いずれにしても、合意されたルールにはほど遠いため、現時点で施行を検討するのは時期尚早と思われる。

結論

本章で訴えてきたように、国内政策からの国際的な波及効果《スピルオーバー》については解明する必要があることが多々ある。これらの問題の経済分析が初期段階にあるため、すぐには強力な政策の処方箋を得られそうもなく、ましてや国際的な合意になど至りそうもない。特に、中央銀行などの多くの国の当局が明確な国内の中央銀行の使命《マンデート》を負っているならば、なおさらである。したがって、本書では、まずは国際会議外で、次に国際会議内で、集中的な議論の期間を設けることを提案する。国内政策の国家間の波及効果《スピルオーバー》についての議論は、非難的・防衛的な環境下で行われる必要はなく、過度に押しつけがましくない合理的な行動規則を作成する試みとして行われる必要がある。

行動規則に基づいてコンセンサスが築かれるにつれて、国際的合意を通じてそれらの成文化の是非を問う次のステップを検討することが可能になる。そして、IMFのような多国間監視機関の条項がどのように変更される必要があるのか、また各国当局が国際的な責任と折り合いをつけるために国内の使命《マンデート》をどのように解釈または変更すべきかが見えてくる。

たしかに、各国がますますナショナリズムを強め、国際的な責任から遠ざかっている現在の環境において、国際ルールを強化しようとする試みは、よく言えば楽観的、悪く言えば無謀とみなされる可能性がある。しかし、改革を急務とする二つの進展を念頭に置く必要がある。第一に、中央銀行デジタル通貨やグローバルなステーブルコインなどの技術革新が定着するにしたがって、国境を越えたフローが増加し、世界の統合がさらに進んでいる。第二に、世界は多極化しつつある。過去にはルールがなくても経済システムは機能していた。なぜなら、米国という唯一の覇権国があり、システム内の行動に広く影響を与えていたからである。経済界がより多極化し、新たに台頭する大国が、現在のシステムは過去の支配的な大国に過度に有利であるとして拒否するようになると、行動をめぐる紛争のリスクが増大する。その反面、システムを監視する単独の覇権者がいないため、すべての大国を束ねる広く受け入れられたルールがあれば、おそらくより効果的に機能するであろう。本書は、許容可能なルールについての合意に至るべく、対話の開始を試みるものである。

第4章 政治的圧力と意図せざる結果

二〇二〇年、世界はパンデミックの脅威にさらされ、大規模な金融および財政対応が求められた。これまでの章で説明した低すぎるインフレ状況から、先進国の中央銀行はインフレが異様に高まっていることに気づいた。残念ながら、過去数十年間におよぶ中央銀行の政策にもかかわらず、経済体制はインフレとの厳しい闘いに対して準備不足であったことが判明した。本章では、アンドリュー・クロケット記念講演（第1章）を行ってから約十年の歳月を経て、非伝統的金融政策についてその間に学んだことを振り返る。時間の経過とともに、金融政策は、一般的な行動と同様に、節度を保ちながら、政策の意図せざる結果に慎重に向き合いながら運営されるのが最善である、という私の確信は強まるばかりである。本章は、二〇二一年十一月十八日に開催されたケイトー研究所の第三十九回年次金融会議での基調講演に基づくものである。

追い詰められた中央銀行

中央銀行の適切な役割、中央銀行が使用する枠組み、中央銀行が合法的に使用できると信じているツールの範囲は、過去二十年間で大きく変化した。興味深いことに、これらの変化は中央銀行の最大の勝利、つまりインフレを抑制した後に起こったようだ。何が再考のきっかけとなったのだろうか。そして、意図せざるものも含めて、どのような影響が生じているのだろうか。金融の安定性にどのような影響を及ぼしているのだろうか。最終章ではこれらの問題を検討する。

本章での答えを先に説明しておくと、中央銀行当局は世界金融危機からたやすく逃れたため、ほぼ非難されず、危機の解決に貢献したとして並外れた権力を持っているというオーラを獲得した。しかし、その結果として、中央銀行はメインストリートのために尽力すべきだという世間の声がさらに高まったようだ。その後もインフレ目標が達成されなかったため、経済活動を支援するよう求めるプレッシャーが増大した。おそらく多少の奢りもあり、中央銀行はこうしたプレッシャーを回避せず、中央銀行が適切に行えることには限界があるとは言いださなかった。その代わりに、この挑戦を受け入れ、これまで避けてきた資産市場や信用市場への直接介入を含む、より広範な介入に乗り出した。おそらく、これらの介入は中央銀行のインフレ目標の達成にはあまり役立っていない。むしろ、財政支出が増加し、デフレではなくインフレが主要な問題となっている環境において、中央銀行は追いつめられている。さらに、この間、中央銀行は金融の安定性を軽視しつづけてきたため、気候変動などを含めた将来のショックに対する世界の対処を遅らせてしまった。中央銀行はあまりにも多くのことを行おうとするあまり、物価の安定という基本的な責任に妥協してしまったばかりでなく、金融の不安定性をさらに増大させてしまった。要するに、本章は中央銀行に対し元の姿に戻り目標とツールの使用の双方を再評価するよう求めるものである。

中央銀行思想の最近の進化小史

米国連邦準備制度（ＦＲＢ）の行動は、間違いなく経済学の発展や他の中央銀行の行動の影響を受けており、中央銀行の考え方におけるコンセンサスを大まかに枠組みしたものである。結局のところ、米国のインフレを打破したのは、短期名目金利を非常に高く押し上げ、インフレが低下するまでその金利を維持するというポール・ボルカー〔元米国連邦準備制度理事会議長〕の決断だった。それはインフレ対策組織としてのＦＲＢの信頼性を高め、数十年にわたる名目金利の低下に貢献した。経済政策における動学的不整合性とコミットメントの必要性に関するキドランドとプレスコットの理論（Kydland and Prescot 1977）、および独立したインフレ目標志向の中央銀行を通じてそのコミットメントを達成する方法に関するロゴフの議論（Rogoff 1985）は、中央銀行の独立性を訴えた。一九九〇年にニュージーランド銀行が中央銀行として初めてインフレ目標を正式に採用すると、この手法は世界中に広がった。一方、ジョン・テイラーが中央銀行の行動を単純なモデルで説明し（Taylor 1993）、それ以降、中央銀行がインフレとの闘いにおいて動向に先んじているか遅れをとっているかを評価する基準となった。だが実際には、世界的なインフレの低下が非常に顕著であったため、ロゴフは、インフレの原因は、中央銀行の独立性や政策だけによるものではなく、国際的な競争も追い打ちとなっていたにちがいないと主張した（Rogoff 2004）。

それはともかく、インフレが長期間にわたって鎮静化したため、中央銀行はもはや定期的に金利を引き上げる必要はなくなった。ボリオ（Borio 2014a）が指摘しているように、このことは、金融サイクル、つまり資産価格とレバレッジの不健全な相関関係が、より長期間にわたり、より大きな振幅で展開することを許容した。本章では、より緩和的な金融政策がそのようなサイクルの火付け役となり拡大させる経路が多々あることを論じる。例えば、金利が低下するにつれて、長期的な成長期待が資産評価に占める割合はますます大きくなる。そのような期待を裏付けるものがほとんどないことから、評価額が広範囲に分散する可能性がある。[*1] 潜在的な買い手のうち楽観的な人ほど、借入で調達して長期資産をより多く購入する。彼らの富は金利の低下によってさらに強化され、資産価格の設定においてより大きな影響力を行使できるようになる。したがってインフレ率が低水準で低下し続ける期間が持続すると、価格とレバレッジが正常化した時に、楽観的すぎる資産価格、レバレッジ、金融安定性へのリスクを伴う可能性がある。一九九六年後半、FRB議長のアラン・グリーンスパンは、株価は過大評価されていると考えており、FRBは金融政策を決定する際にそれを考慮する可能性があると、中央銀行総裁として許されるぎりぎりの発言をした。[*2] しかし、十二月五日にアメリカン・エンタープライズ公共政策研究所で行われた「根拠なき熱狂」を警告する同氏の講演は市場に無視された。しかし市場の判断は正しかった。FRBはおそらく同氏の演説に対する政治的反応の声高さを警戒したのか、行動を起こさなかった。FRBはITバブルの最中に株価が上昇し続けるのを見守り、一九九八年のロシア債務不履行とヘッジファンドのロングターム・キャピタル・マネジメントの破綻を受けて利下げさえ行った。

二〇〇〇年に株式市場がついに暴落すると、ＦＲＢは利下げで対応し、その後の雇用の伸びが鈍かったにもかかわらず不況を穏やかなものに押さえ込んだ。二〇〇二年のカンザスシティー連邦準備銀行主催のジャクソンホール会議でのスピーチで、アラン・グリーンスパンはこう主張した。ＦＲＢは資産価格ブームを承認したり阻止したりすることはできないが、「それが起きた場合に悪影響を緩和し、次の景気拡大への移行を容易にすることはきっとできるだろう」[*3]。このスピーチは、なぜ同氏が一九九六年の先見の明に基づいてもっと強力に行動しなかったのかを後づけで正当化しているかのようだった。同氏は当時、資産価格が高すぎると判断した場合にはＦＲＢは介入すべきではないが、ＦＲＢは破綻が起きた場合にはそれを認識し、事態を収拾する可能性があると述べていた。インフレが鎮静化していたことを考えると、結果としての金融政策は非対称的であった。ＦＲＢは、経済が好調なときは金利の正常化以外にはほとんど行動を取らないが、資産価格が著しく（しかも偶然にではなく）低迷すると、経済を支援するために徐々に積極的な行動を起こす。事実上、ＦＲＢはトレーダーと銀行家に「プットオプション」を提供した。つまり、彼らが同じような対象に集団で賭けた場合、ＦＲＢは上値を制限しないが、彼らの賭けが不利になった場合、ＦＲＢは下値を制限するということだ。

むろん、このような非対称的なインセンティブは中央銀行の本望ではないが、中央銀行は、単一の金利ツールだけでは通貨と金融の双方の安定を同時に達成することはできないと考えていた。したがって、リスクテイクの抑制は、ややもすると定義が不十分なマクロプルーデンス政策に委ねられることとなった。強力な金融政策の設定を旨とする中央銀行にとって、この厄介なタスクを他部門に委託することは好都合だった。だが、それはシステム上の危険を伴った。第一に、コーンが指摘しているように（Kohn 2015）、今日でもＦＲＢにはマクロプルーデンスに対する責任を負う中央機関が存在しない。これはゆゆしき問題である。なぜなら、マクロプルーデンス規制には、リスクを取る人々が成功に味をしめて影響力を増した直後にリスクを取ることを抑制するという政治的に難しいタスクがあるからだ。責任が分散されると、他部門に行動を任せがちになる。第二に、ステインが指摘しているように（Stein 2013）、仮にも金融システムの広範な領域は緩やかに規制されている。マクロプルーデンス規制はそこにはほとんど食い込まない。金融措置の価値は「あらゆる隙間に浸透する」ことにあるのだが。

いずれにせよ、二〇〇七年から二〇〇九年の世界金融危機は、責任分散システムが機能しなかったことを示す証拠となった。間違いなく、その結果、世界金融危機以前に比べて銀行規制は大幅に改善され、銀行ははるかに厳しく監督され、資本が投入され、インセンティブが与えられるようになった。しかし、「影の金融システム」とも呼ばれる金融システムの末端のノンバンクでは、依然として監視や規制が大幅に緩和されており、リスクはそこに移動する傾向があり、定期的に振り戻されて銀行システムの落とし穴となっている。このことは、アルケゴス・キャピタル・マネジメントやグリーンシル・キャピタルなどの最近（二〇二一年）の破綻からも一目瞭然である。仮想通貨、ステーブルコイン、分散型金融の台頭により、規制されていない影のシステムの規模と複雑さは増すばかりである。

世界金融危機後の銀行規制強化をさらに相殺しているのは、世界金融危機以降、中央銀行がインフレ目標を達成していないため、積極的に緩和的な金融政策を取るよう多大なプレッシャーがかけられているという事実である。例えば、米国では、ＦＲＢが推奨する個人消費支出（ＰＣＥ）インフレ率は二〇一二年から二〇二〇年までで平均約一・四％で、目標の二％を下回った。政策金利がゼロ下限にあることは防御策にはならなかったようだ。政治的な面からも、低成長期に中央銀行に対するプレッシャーが高まった。中央銀行が目標を達成していない場合、何らかの刺激策が行き届いていないはずであり、そのような考えが横行した。

欧州中央銀行（ECB）が二〇一〇年から二〇一三年にかけて実現したように、他の中央銀行が融資条件を緩和する新たな革新的な方法を発見するにつれて、何かをしなければならないというプレッシャーが、為替レートの上昇から生じた可能性もある。

しかし、中央銀行総裁たちも過度に低いインフレに対する自らの責任を拒否しなかった。おそらく、できる限りのことをしたと主張することによって信頼を失うことを心配したからであろう。度重なる失敗の後にもかかわらず、インフレを押し上げる手段はまだあるとでも言いたげであった。実際、財政政策や財政改革は機能しておらず金融政策が唯一の切り札であるという彼らの嘆きには、自己陶酔が滲み出ているようにも見えた。かつてはボルカーが中央銀行にインフレを抑える方法を指導したものだったが、特に名目金利がすでにゼロで財政政策が限られる中では、経済を再活性化する明確な戦略は存在しなかった。

世界金融危機後、金融政策はどう変化したか

世界金融危機後、ゼロ金利のもとで、さらなる非伝統的金融政策の介入は大まかに三つの形態を取った。すなわち、市場の修復、資産価格の調整、直接的信用供与プログラムである。

これらすべての核となったのは、中央銀行の市場介入に対する意欲の高まりであった。

市場の修復

世界金融危機の間、多くの金融市場が機能不全に陥った。それは信頼の欠如、流動性の欠如、主なプレイヤーの資本不足などによるものであった。もちろん、発行元の破産によって、取引されている金融債券の一部が無価値になる可能性もあった。それにもかかわらず、中央銀行は介入することで認識を変え、好循環を生み出そうとした。その期するところは、中央銀行による金融市場の支援を通じて世間の信頼を回復し、購入を通じて注入された流動性との相乗効果によって、市場プレイヤーの資本を再構築し、参加者を増やし、資産市場の資産価値と取引量を回復することであった。量的緩和政策第一弾（QE1）では、FRBは混乱していた住宅ローン担保証券（MBS）市場に投資し、かたやECBは国際的な債券購入プログラムを通じて周縁国の国債を支援した。[*4] 中央銀行が市場のファンダメンタルズに対する認識を変えたのか、それともこれらの市場向けに暗黙に提供していたプットオプションに注目を引こうとしたのか、判断するのは難しい。いずれにせよ、こうした介入により取引量と価格はより正常なレベルに戻り、介入は将来のツールキットとしての地位を確立した。

資産価格の変更

金融政策は、場合によっては、短期金利の行方のシグナルを発し、それによって長期金利に影響を与えることによって機能する。だが政策金利がゼロであり、さらに引き下げる余地がほとんどなかったため、中央銀行はより直接的に長期金利に影響を与える他の方法を模索した。その一つが、長期金利を低下させることを意図して、告知済みの長期国債購入プログラムを通じて中央銀行のバランスシートを拡大する方法であった。これが（仮にも）うまくいったのは、長期資産を民間の手から奪い、より多くの長期資産を購入することで民間ポートフォリオのリバランスを強制したからなのか、あるいは中央銀行が長期資産を購入している限り政策金利は引き上げないとコミットしたからなのか、どちらなのかは定かではない。[*5,6] 日本銀行などの他の中央銀行は、中央銀行による債券の直接購入または売却を通じて、十年債などの特定の債券の利回りを目標水準に維持しようとする「イールドカーブ・コントロール」を実践した。このような介入が長期金利に及ぼす影響はよりいっそう顕著だったが、それらの取組みが実質投資や経済活動の促進に役立ったことを示す説得力のあるエビデンスはなかった。

もちろん、様々な形態の量的緩和と、お抱え中央銀行から政府へのかつて批判を招いた直接融資には類似点があった。金融経済学者たちはかつてこの慣行に難色を示した。なぜなら、中央銀行はそもそも政府に「ソフトな予算制約」を与えており、それがインフレを引き起こすことが判明したからである。中央銀行の独立性を保つには、政府への直接融資を停止する必要があった。新しい中央銀行の資産購入プログラムと過去に信用を失ったプログラムとを区別したのは、建前と金融環境であった。建前は、中央銀行は通常は政府から直接購入するのではなく流通市場で購入するというものであったが、このプログラムが告知された時点で市場はそのような直接購入を察したので、これはたいした区別ではなかった。しかし、世界金融危機後、金融環境は中央銀行による政府債務への融資が問題となる通常の状況とは異なっていた。金利はゼロ下限にあり、先進国の政府は通常は現金に困っていなかったので、中央銀行による融資が政府予算に致命的な影響を与えることはなかった。

これはあくまでも「通常は」であり、ヨーロッパの周縁国は実際には窮地に陥っていた。パンデミックの発生により、このような政府が増え、中央銀行が政府の資金調達ギャップを埋めるのに重要な役割を担うようになってきている。

直接的な信用供与プログラム

新しいツールキットのもう一つの要素は、中央銀行の参画によって特定の条件を満たす銀行融資に対して安価な借り換えを提供するというものだった。中小企業や家計への融資、場合によってはあらゆる融資への拡大もあり得た。この銀行融資に対する安価な借り換えは、中央銀行が放棄した古い慣行を今一度復活させることとなった。それは、**直接的信用供与**は資本市場の働きを歪め、市場ではなく政治的な資源配分につながる可能性があるとかつて非難された慣行であった。だが、世界金融危機後の経済低迷の甚大さに比べれば、歪みや政治化に関する懸念は些細なものに思われた。二〇二〇年三月の新型コロナの発生を受けて、直接的信用供与プログラムが今一度復活し、拡大されている。

これらの政策は機能したか

狭義のレベルでは、これらの非伝統的な政策のいくつかは、表明された意図を果たしたことからすると、機能したようだった。例えば、MBS市場は回復した。ディ・マッジオら(Di Maggio et al.2010)は、QE1として知られるようになったFRBによるMBSの購入が借り換えの増加、住宅ローン返済額の削減、およびそれに伴う消費の増加につながったことを示している。ただし、繰り返しになるが、ＭＢＳ市場が回復したのは、中央銀行が信頼を回復した（良い成果）ゆえか、それとも市場に長期のプットオプションを提供した（良からぬ成果）ゆえかは、定かではない。

中央銀行の行動は必ずしも意図したとおりに機能したわけではない。アチャリヤら（Acharya et al.2019）の指摘によると、ＥＣＢ総裁マリオ・ドラギがＯＭＴを公表して欧州周縁の国債の価値が高まると、より多くの国債を保有していた銀行が、より多くの融資を行った。それらも銀行が得た効果的な資本増強により、融資の制約が解放されたように見受けられた。しかし、アチャリヤら（Acharya et al. 2019）は、追加融資の多くが経済的に存続不可能な「ゾンビ」企業に向けられ、継続的な融資と存続が産業の回復を妨げた可能性があると主張している。中央銀行の積極的な行動は、支援を狙いとした、第二弾、第三弾でも「機能」した。例えば、グロッス－ルスカンプ（Grosse-Rueschkamp et al. 2019）は、ＥＣＢによる社債購入により適格企業の利回りが低下し、その企業が債券発行によって銀行債務を返済できるようになり、銀行はよりリスクの高い企業に融資できるようになった、と指摘している。

むろん、中央銀行の行動が意図したとおりに機能したエビデンスもある。例えば、フォーリー-フィッシャー（Foley-Fisher et al.2016）は、残存期間延長プログラム（「オペレーション・ツイスト」とも呼ばれる）により、長期債務に依存する企業がより多くの長期債務を発行し、雇用と投資の拡大を可能にしたというエビデンスを提供している。

こうした肯定的なミクロ・エビデンスにもかかわらず、これらの新しい中央銀行ツールが、実際の活動を含むより広範なマクロ・インパクトを及ぼしたことを識別するのは、さらに困難である。ファボら（Fabo et al.2021）は、米国、英国、ユーロ圏の産出とインフレに対するQEの影響について論じた五四件の比較研究を進めている。この論文において中央銀行関係者による論文では通常、統計的に有意な量的緩和効果が産出に及ぼす影響が報告されているが、〔研究者による〕学術論文ではそのような報告は半分しかない。興味深いことに、量的緩和に反対する希有な中央銀行であるドイツ連邦銀行の研究では、量的緩和が産出《アウトプット》に及ぼすプラス効果は学術論文よりもさらに小さいとされている。中央銀行関係者の研究は必然的に偏ると結論づけるのはよろしくないが、特定の仮定が結論を導く可能性があるという事実は、エビデンスにかなり雑念が交じっていることを示唆している。つまり、新しい政策ツールは有効性を示す圧倒的なエビデンスを提供しなかったということだ。[*7]

では、なぜ中央銀行はそれらを受け入れたのだろうか。このツールの性質は、世界金融危機後の中央銀行が、市場の効果的な機能に対する信頼を格段に弱めたことを示唆している。おそらく、市場の「根拠なき熱狂」の後に根拠なき悲観が続き、資産価値が真のファンダメンタルズを大幅に下回ったのだ。たとえそうだとしても、中央銀行はバランスシートを活用して誤解を正すことができた。だが言うまでもなく、市場が真のファンダメンタルズを認識したからではなく、中央銀行の介入によってファンダメンタルズが変更したために、企業価値評価が変更される危険性と隣り合わせだった。真のファンダメンタルズが最終的に中央銀行によって変更されたファンダメンタルズに収束した場合、中央銀行は実際に価値のあるサービスを提供したと推測されよう。しかし、もしそれらが収束しない場合、中央銀行が偶発保証を履行するためにバランスシートをさらに拡大する策が尽きたときに、そのことが認識されても手遅れであろう。言い換えれば、目下のところ重要な問題となっているのは、中央銀行が新しいツールによって市場への依存を誘発し、その結果として自らの行動を市場のパフォーマンスに結びつけてしまったのではないかということだ。

枠組みの変更

ＦＲＢは世界金融危機後の低インフレ環境において、単に非伝統的なツールを適用するだけではなく、それ以上のことを行った。公衆の期待を変えるために枠組みの変更にも着手した。基本的に、ＦＲＢには、中期的にインフレに対してより寛容になるとコミットすることによって、インフレ率の上昇に直面しても金利が「長期間にわたって低水準に」留まるというシグナルの信頼性が高まるという感触があった。ひいては、インフレ期待が上昇する可能性があった。言い換えれば、ＦＲＢは低インフレと闘うために、高インフレとの闘いで苦労して勝ち取った信頼性の一部を必然的に損なわざるを得なかった。

ＦＲＢの新たな枠組みの重要な要素は、インフレを抑制するうえで先制的にならないことだった。代わりに、それを測定し、受け身で反応することにした。[*8] インフレを目の当たりにしてからでは手遅れだというＦＲＢの古い信条は葬り去られた。代わりに、ＦＲＢはインフレ率の上昇が過去のインフレの不足分を補うまで監視し、平均インフレ率を目標に近づけようとした。平均がとられる期間が定められていなかったため、ＦＲＢはしばらくインフレ率の上昇を容認することができ、後手に回ったと批判されることはなかった。金融政策はより裁量的になり、より広範な雇用に関する使命《マンデート》を果たすために利用され得るようになり、失業率が低いだけでなく、雇用が広範かつ包摂的であることが求められた。あいにくマイノリティは最後に雇用されるため、これはＦＲＢが過去よりも売り手の労働市場を許容する可能性があることを意味した。最終的に、ＦＲＢの雇用に関する使命《マンデート》もより非対称になった。完全雇用からの逸脱を最小限に抑えるのではなく、現在は雇用不足のみを懸念し、過度に売り手となった労働市場への対応は、より緩和的なインフレに関する使命《マンデート》に任せている。

特に政治とは無縁の専門組織にとって、裁量権は良いことではないだろうか。おそらくそうであろう。ただし本章がここで主張しているように、枠組みでは想定されていなかった形で環境が変化し、より政治的な色合いが強くなった場合には、おそらくそうではないだろう。

中央銀行の何が変化したのか

過去数十年間、低インフレ環境に対する中央銀行の責任は部分的なものだった。〔低インフレの〕責任の一端は、グローバル化、高齢化、先進国内の所得格差の拡大など、需要と供給に影響を与えるより深い構造的要因にもあった。しかしこうした状況も変化しつつあった。

パンデミック以前の重要な新たな動向の一つは、国際貿易と投資に対する障害の増大だった。かつては、多くの労働者を生産性の低い農業から工業やサービス業に移した新興国市場の台頭により、真に世界的な商品と労働市場が形成されていた。競争の激化によって、商品の価格と賃金は低下したが、ロゴフ（Rogoff 2004）が主張するように、より長期的な（中期的なインフレにとって重要な）効果は、競争の激化によって、インフレ率を引き上げて成長のてこ入れをしようとする中央銀行のインセンティブが低下したことであった。しかし、世界の二大経済大国間における保護主義の高まり、貿易の混乱、投資紛争により、国境はかつてほどシームレスではなくなった。つまり、パンデミック以前からすでにインフレを抑制していた状況は変わりつつあったのだ。

パンデミックによって、こうした状況はさらに変化した。悲劇的かつ広範な命と生計の喪失とは別に、パンデミックは、商品、サービス、労働の市場を混乱させている。短期的な混乱は薄れていくだろうが、それが公衆のインフレ期待に継続的な影響を与えるかどうかはわからない。しかし、パンデミックがより長期的な影響を与えそうなチャネルは多々ある。パンデミックは確かに、低い賃金、低い福利厚生、不安定な職種に対する個人および世間の態度に変化をもたらしたようだ。このような職種は通常、パンデミックの影響をもろに受け、人との接触が多く、長時間労働で、働き方の融通が利かない。労働者はそのような職種に戻ることに消極的である一方で、世間はそのような職種に対するより高い賃金と多くの福利厚生をより与えることを支持している。至極当然のことながら、パンデミック後の環境では賃金への要求が満たされる可能性が高い。

パンデミックはまた、テールイベント〔発生する確率は低いが影響力が大きい事象〕の可能性についての公衆の認識を高め、気候変動との闘いを後押しする政治的気運を高めた。これは、新規の投資、カーボンプライシング、厳しい規制に基づくコンプライアンスによってコストが上昇することを意味する。もちろん、こうした対策は必要である。しかし、企業がコストの上昇を経験すると、それは一過性ではなく、継続的に発生する可能性が高く、インフレ圧力にも寄与することとなる。

おそらく世界金融危機への対応と比べて、パンデミックへの対応における最大の変化は財政面であろう。世界中で財政支出の蛇口が全開にされたことについては、様々な説明が成り立つ。これらには、政策立案者が迅速に行動する必要性があったこと、給付を広めることで急激に分断しつつある国家におけるコンセンサスを得る必要性があったこと、そして財政赤字を拡大せよという政治的圧力があったことなどが挙げられる。これはおそらく著名な経済学者らによるもので、先進国は現在の金利水準において多額の債務を負担できそうだとする彼らのメッセージは（政治家にとって）好都合だった。いずれにせよ、その結果、民間部門（家計、企業、銀行）への大規模な資源の移転が生じた。米国では、パンデミック中に個人の可処分所得が増加し、破産件数も減少したが、どちらも表面的には景気低迷期には異例のことだった。貯蓄と繰越需要《ペントアップデマンド》は異常なレベルにまで上昇している。商品への支出がまず減少し、サプライチェーンは混乱に陥っている。もちろん、中央銀行がその使命《マンデート》に従って行動すれば、これらは必ずしもインフレが持続することを意味するものではない。しかし、中央銀行がかつてのボルカー式のインフレ対策を単に展開しないのには理由がある。

政策正常化に対する障害

かつてであれば、現在のインフレ水準を見れば、中央銀行総裁たちは難色を示して、テレビカメラに向かって毅然とした表情で「インフレは忌むべきものである、インフレを抹殺すべし」と言ったか、さもなくば、そう匂わす言葉を発しただろう。しかし今では、彼らはインフレに言い訳を並べるようになり、インフレは容易におさまる、と公衆をなだめる傾向が強くなっている。世界金融危機後の低インフレの長期化が、中央銀行総裁らの心理に長期的な影響を及ぼしていることは明らかだ。目下、明らかな危険は、彼らが「前の戦争を戦いかねない」〔過去の戦いの範疇でしか通用しない時代遅れの戦いをしかねないという軍事用語〕ということだ。たとえその罠に陥らなかったとしても、中央銀行内部や広範な政策決定環境の構造変化によって、中央銀行当局者は以前よりも利上げに消極的になるだろう。ＦＲＢに焦点を当ててその理由を探ってみよう。

枠組み支配

先に主張したように、ＦＲＢは構造的に低需要・低インフレの時代が続くと考え、より緩和的な政策を長期間維持できるように枠組みを変更した。皮肉なことに、ちょうど経済体制自体が変化しつつあったときに、ＦＲＢは自らにさらなる柔軟性を与えてしまったのかもしれない。

しかも、柔軟性を高めることで、意思決定者の選択肢は広がるはずであったが、必ずしもそうではない。目下のシナリオでは、議会は金で買える最善の景気回復を生み出すために数兆ドルを費やしたところだ。ＦＲＢが今、新たな枠組みの柔軟性を最大限に活用せずに金利を引き上げて経済を悪化させた場合、議会が激怒することは容易に想像がつく。言い換えれば、明確なインフレ目標の枠組みの利点の一つは、中央銀行がインフレの上昇に迅速に対応するための政治的な大義名分を持っていることなのだが、枠組みが変更された今となっては、それはもはや通用しなくなったのである。その結果、ほぼ確実にインフレが長期にわたって続くことになるだろう。新たな枠組みは、今とはまったく様相が異なる時代の最中に、まさにそのような成果を狙って採用されたのである。

市場支配

しかし、ＦＲＢの行動の有効性を制限しているのは新たな枠組みだけではない。緩和的な金融政策と財政状況がいつまでともなく続くと予想され、多額の借入に支えられ、資産市場は上昇を続けている。市場参加者は、正しいかどうかは別として、ＦＲＢが彼らを庇護し、資産価格が下落すれば利上げの道から撤退すると信じている。

これは、ＦＲＢがそれでも前進する場合、金融状況を正常化するために金利をさらに引き上げねばならない事態であることを意味しているのであり、ＦＲＢが本気であると市場参加者が最終的に気づいたときに、市場が反対の反応を示すリスクが高まることを暗に示している。繰り返しになるが、利上げの道を進むことは、経済とＦＲＢの評判の両方に対する下振れリスクがかなり高い。

財政支配

中央銀行を政府から独立させる本来の目的は、中央銀行が確実にインフレに対抗できるようにすることであった。また、政府の財政赤字に直接資金を供給したり、利上げペースを遅らせて政府の借入コストを低く抑えたりするよう、圧力をかけられないようにすることであった。しかしＦＲＢは現在五・六兆ドルの政府債券を保有しており、その資金は市中銀行からの同額の翌日物借入によって賄われている。

金利が上昇すると、ＦＲＢ自体がより高い金利を支払い始めなければならなくなり、政府に支払う配当金が減り、財政赤字の規模が拡大することになる。さらに、米国の政府債務はＧＤＰの約一二五％に達しており、そのかなりの部分が短期国債であるため、金利の上昇は即座に借り換えコストの上昇として表れはじめることになる。これまでＦＲＢがあまり気にする必要がなかった問題、つまり利上げが国債の資金調達コストに与える影響が今後は最重要課題となるだろう。

したがってたとえインフレ圧力が高まったとしても、中央銀行はインフレ圧力が容易に解消されるかどうかを確認するために、これまでよりも長く待つ傾向にある。二〇〇八年以降のシナリオが繰り返される場合、新型コロナウイルス感染症の新たな変異種が成長を阻害する場合、中国や他の新興国市場が世界経済全体にディスインフレの衝動をもたらす場合には、待つことが正しい決断だったということになるだろう。そうでなければ、中央銀行の行動に対する現在の障害は、インフレをさらに悪化・継続させ、インフレを抑制するための闘いがさらに長期化することにつながる。問題は、低インフレ問題に対処しているうちに長期にわたる金融緩和政策と金融安定性への関心が低下し、金融サイクルが強調されるようになり、金融引き締めによる金融安定性へのリスクが悪化したことである。

緩和の長期化によるリスク

経済システムは、非常に簡単に現金が調達できる時代に慣れてしまった。中央銀行が先ほど議論した障害を克服し、政策の正常化に着手する場合、どのようなリスクがあるだろうか。

未検証の金融イノベーション

世界金融危機以来、実質的な金融イノベーションが起きている。具体的な例では、有力な仮想通貨であるビットコインが、リーマン・ブラザーズ破綻の年、紙幣を代替するものとして考案された。というのも中央銀行当局が貨幣価値を下げる誘惑を避けるという信頼を得られなかったためである。イノベーティヴな金融資産はすでに大きな評価と市場シェアを得ているが、深刻な景気後退や金融政策の正常化を通じた検証はなされていない。

多くの疑問に対する答えは追々判明するだろう。例えば、データが担保の代わりになることにより、景気後退時に利用できる信用《クレジット》が増えるのか。それとも、だれもが同じデータと同様のアルゴリズムに基づいて困難な信用《クレジット》を避けようとするため、信用《クレジット》がさらに偏ってしまうのか。企業価値に対する不安が高まる時期に、ステーブルコインでもこれまでのような取り付け騒ぎが起きるのか。貸倒損失はどのように発生していくのか。深刻な不況下におけるレンディングプラットフォーム〔仮想通貨の融資を仲介するサービス〕やバイナウペイレイター〔後払い決済〕での回収は果たして容易になるのか。そのとき、超高速取引は価格にどのような影響を与えるのか。だれがマーケットメイカーになるのか。すべての答えが安心材料になるとは思えない。

金融イノベーションは、資本フローの速度を速め、それによって従来の脆弱性の源を強化することができる。例えば、マクロ経済指標や銀行システムが脆弱な国では、仮想通貨によって資本規制を回避するための新たな効果的なチャネルが提供され、金利上昇期に従来よりも非常に多くの資本流出が見られるようになるだろう。

重要なのは、影の金融システムは世界金融危機以降に成長してきたのであり、規制当局は依然として表計算ソフトやPDFファイルを使用しているレベルで、最新の金融イノベーションを理解することと、それを規制する方法の両方について、テクノロジーの利用も含めて大幅な進歩をしなければならないということだ。[*9] しかし、金融環境の変化は、その準備が整う前に到来するかもしれない。

資産価格の高騰

低金利期間には、年金基金などの名目固定負債を抱える市場参加者に利回りの追求が促される。[*10] 資産価格の上昇、特にイノベーティヴな「オルタナティブ」資産群の上昇は、資産運用会社の間にチャンスを逃すのではないかという不安を引き起こす可能性もある。将来（キャッシュフロー）の使用価値に関するナラティブ、特に現在において反証性がほとんどないナラティブは、長期低金利で割引かれた特定の長期資産に高い価値を植え付ける。例えば、仮想通貨（そもそも決済を独占するか新たなゴールドになるという期待に基づいて価格設定されている長期のゼロクーポン債）の価値は、金利が上昇したときにどのように調整されるのだろうか。その価値が好調な日には累計で二兆五〇〇〇億ドルを超えることを考えると、これは些細な懸念ではない。当面は赤字が予想されるが、その株価が天文学的なレベルにあるハイテク企業の場合はどうだろうか。実際、アマゾンは長い間赤字のままである。

前述したように、資産価格の高水準により、緩和を止めるという中央銀行の任務がより困難になる可能性がある。価格が下落すれば、中央銀行が方針を一時的に停止するか、もしくは翻すと市場が信じている場合、政策金利引き上げの脅威を単に無視しかねない。しかし、中央銀行が緩和策を撤廃する決意を市場が理解するやいなや、価格の反応は相当なものになる可能性がある。

資産価格のボラティリティが実体経済のボラティリティの拡大につながるかどうかの鍵は、企業の財務レバレッジに関係している。そして、第2章で考察したように、高水準の資産価格は、高いレバレッジを引き起こし、またそれによって支えられているのである。

レバレッジ投資

世界金融危機以来、民間、公共、市場で、明示的および暗示的な、あらゆる種類のレバレッジが上昇した。見せかけのレバレッジの一例として、有罪判決を受けたトレーダーが経営するファミリーオフィス向けビジネスの投資会社アルケゴスは、バイアコムなどの少数の株式に投資しながら、複数の銀行からその規模の約五倍の借入を行うことができた。[*11] 標的となった企業自体がレバレッジを利かされただけでなく、アルケゴスはマージンローン〔保有する株式を担保とする融資〕で資金調達をした株式に関してトータル・リターン・スワップを行っていた。バイアコムが株式を追加発行してありえない株価を利用しようと目論んだのをきっかけに、アルケゴスは破綻した。株式が過大評価されていると市場が認識したため、バイアコムの株価は急落した。それを機にマージンコールが発生したがアルケゴスは支払うことができず、各銀行が自らのポジションを守ろうとした結果さらなる株式の投げ売りを招いた。高い資産価格と高いレバレッジは明らかに不安定な組み合わせであった。

発行体が生み出すキャッシュフローによって支えられている債務は、特にその借入が長期である場合には、本質的により安全である。これに対して、資産価格によって支えられている債務は本質的により脆弱だが、かなり広範囲に広がっている。緩和政策によって長期金利が低下している経済では、資産価格の上昇により借り手の株価が上昇し、さらに多くの借入が可能になる。さらに、第2章で述べたように、現在の借り手が返済できなくなった場合でも、他の健全なプレイヤーが資産を購入してくれるという見通しにより、借り手にはより大きなデットキャパシティが与えられる。デットキャパシティは、借り手が生み出すキャッシュフローによって決まるだけではなく、借り手が債務不履行に陥った場合に原資産を業界の他のプレイヤーに売却する貸し手の能力によっても決まる。このサイクルは好循環である。デットキャパシティが大きいほど資産の入札価格が上昇し、業界内の見込み購入者の株主資本が高まる。

もちろん、金利が上昇すると資産価格が下落し、悪循環になる可能性がある。つまり、購入見込み者の株主資本が下落し、見込み購入者が高価格で購入できなくなり、資産のデットキャパシティが低下する。予想される資産売却価値に基づいた借入が容易な時期には、借り手も貸し手も、資産価格下落時に最終的に債務返済に必要となる基礎的なキャッシュフローを無視する可能性があるという事実によって、問題はさらに複雑になる。世界金融危機以前に無収入（No Income）、無職（No Job）、無資産（no Assets）の借り手に向けて行われた住宅ローン（「ニンジャ（NINJA）ローン」）は、住宅価格が急落すると貸し手の悩みの種となり、差し押さえた住宅を売却することが不可能となり、融資を回収することが困難となった。今日のプライベート・エクイティ取引の激戦市場では、同様の力が働いているのが明らかになり、緩和措置が終了する期間への懸念が高まっている。

流動性への依存

中央銀行は金利を低く維持するだけでなく、バランスシートを拡大することによっても緩和的になっている。これに対応するのが、市中銀行が保有する中央銀行準備金の拡大である。通常は、流動性の高い準部金が拡大すればシステム内の流動性が高まるはずだと考えられている。にもかかわらず、準備金が世界金融危機前の四倍にも達していた二〇一九年九月と二〇二〇年三月の両時期に、金融システムは深刻な流動性不足を経験した。

現実的には、準備金による流動性供給により新たな流動性に対する需要が生まれ、時には当初の供給量を超えることもあるということだ。[*12] 特に、市中銀行はホールセール市場で準備金の保有を調達しており、ストレス下ではこれが流動性に対する要求に変わる可能性がある。またコミットメントライン〔銀行融資枠〕などの流動性に関する権利を明示的に打ち出すこともある。規制当局自体も、銀行に対し、様々な規制比率を満たすために流動資産を確保するよう求める。最終的に、これらすべての需要が同時に到来すると（そしてシステム上のストレス状態が、そのような相関した需要を一気に促進する傾向に向かうと）、流動性を蓄えようとする銀行もあるため、流動性不足がさらに悪化する。当然のことながら、これらすべてが、中央銀行にとって、さらに多くの流動性を供給することでストレスを緩和しなくてはならないという圧力となる。このような流動性に依存しているシステムから脱却するのは容易ではないが、財政健全性への影響を踏まえると、中央銀行のバランスシートが拡大し続けるという見通しもゆゆしき問題である。

バランスシートの拡大と財政の脆弱性

中央銀行が長期政府債券を購入し、準備金を発行する場合（例えば量的緩和に取り組む場合）、中央銀行と政府を連結したバランスシート上で公衆が保有する債券の期間が事実上短縮される。それはなぜかといえば、中央銀行は、市中銀行から翌日物準備金を借りて利息（いわゆる「超過準備金金利」）を支払うことで、これらの購入の資金を賄っているからである。政府と中央銀行（所詮は政府の完全子会社）の連結バランスシートの観点からすると、政府は実質的には長期債券を銀行システムに保有された翌日物準備金とスワップしたことになる。

したがって量的緩和（QE）は、政府債券の実効償還期限の継続的な短縮と、それに呼応する〔連結された〕政府および中央銀行の金利上昇に対するエクスポージャー〔保有している金融負債を価格変動などのリスクにさらしている程度〕の増加を促す。

このことがどうして問題となるだろうか。例えば、英国の政府債券の平均満期は十五年である。満期の中央値は十一年と少し短く、イングランド銀行が保有する政府債券による量的緩和が招く短期化を考慮すると、わずか四年にまで短縮される。したがって、金利が一％上昇すると、英国政府の実効金利での支払い額はGDPの約〇・八％にまで増加することになる。英国の政府債券は、これは同期間に提案された中期的な財政引き締めの約三分の二に相当すると指摘している。そしてもちろん、金利は一％を大幅に上回って上昇する可能性がある。米国の場合、政府債券残高は英国に比べて償還期限がはるかに短いだけでなく、FRBがその四分の一を保有している。

理想的には、中央銀行が買い入れを増やしても、政府が発行する国債の償還期限を長くして、債券残高の平均実効満期を一定に保つことが望ましい。だがこのような調整は見たことがない。さらに広い範囲で問題となるのは、前述した公的借入の拡大に加え、その借入期間の短縮により、金利の上昇に伴う財政脆弱性のリスクに経済がさらされるということである。

国境を越えた波及効果《スピルオーバー》

準備金を蓄えている中核国における緩和的な金融政策は、周辺の資本受入国への国境を越えた資本フローを生む。また中核国が政策を引き締めると資本フローが逆戻りする。米国の金融政策に対する信用フローの感応度は、新興国市場や発展途上国においてはるかに大きく、よりリスクの高い新興国市場やリスクの高い国内企業にアンバランスに集中する。*13 景気循環の局面や借入額の程度に応じて、資本受入国の準備ができていないところほど、流出やストレスは国境を越えて広がる。本書の第2章と第3章で、金融政策の波及効果《スピルオーバー》と（資本受入国の活動低下による中核国への）跳ね返り効果《スピルバック》については論じたので、ここでは波及効果《スピルオーバー》がかなり大きなものになる可能性があり、波及効果《スピルオーバー》を金融政策の設定において考慮すべきかどうかを検討する必要があるという指摘に話題を絞る。

今後の方向性

では、継続的な緩和に依存するようになった金融システムにおいて、積極的な行動への障害と積極的な行動にかかるコストを考慮すると、中央銀行は今後どこへ向かうのだろうか。当然ながら、インフレ圧力が自然に消滅することを期待して、緩和的な姿勢を維持したいという誘惑に駆られるだろう。しかし、行動の必要性を示す証拠が増えているにもかかわらず手をこまねいていては、最終的には経済の崩壊を招き、被害が拡大するだろう。中央銀行はパンデミックが世界を様々な形で変えたことを認識する必要がある。それには、データドリブン（収集データの解析・分析に基づいて意思決定をする手法）が必要とされる。また確実性を追求している余裕はない。受動的であっても積極的であっても危険性があることを認識しつつ、不完全な証拠に対する最善の解釈を踏まえて毅然とし行動をとらなければならない。長年の緩和政策で蓄積された脆弱性は消えることはなく、今後も対処していく必要がある。しかし、世界が前進するにつれて、中央銀行はどのようにしてここに至ったのかを問う必要がある。

ポピュリズムと中央銀行

ポピュリズムは、エリート組織、その目的、運営上の決定に対する不信を含意する。ポピュリスト扇動家に言わせれば、厳しい政策選択はエリートの陰謀であり、大衆に苦痛を強いるいっぽうで私腹を肥やすために、エリートが意図したものである。中央銀行は最高峰のエリート機関であり、エリート機関のインテリ経済学者が配属され、選ばれし者だけが理解できる隠語を話す。中央銀行は扇動家の風刺のネタになりやすい。

近年の中央銀行の行動については、少なくとも二通りの見方が存在する。その行動は、長引くディスインフレ環境に対する賞賛に値する対応とみなされ得ることもある。これまで試みられていない非伝統的な政策は、その使命《マンデート》を果たそうとする勇敢な試みであると。また、金融の安定が軽視されているのには、中央銀行の手段が限られていることと、成長回復の重要性が高まっていることも影響しているのである。これはほとんどの中央銀行当局が受け入れている解釈である。

しかし、別の診断も下されており、それはグリーンスパン議長が市場を説得しようとして失敗した頃にまで遡る見方である。中央銀行は、ますます分断していく国家において公衆の承認を維持しようとして、通貨と金融の安定に対する責任を果たすために厳しい政策が必要な際にはつねに回避してきた、というものだ。中央銀行は表向きは独立しているが、その政策の一部が長らく放棄されてきた過去の介入政策と類似しているのは偶然ではない。この解釈は、社会の変化に応じて、中央銀行はより政治的になってきたとするものである。真実はおそらく二つの見方の間にある。

中央銀行当局が新たな手段を用いて、彼らの行動に経済を依存させるようになっているのは明らかだ。しかし、これらの新たな手段がマクロ経済の安定を助けたのか、それとも新たなボラティリティの原因を生み出したのかを判断するには、時間の経過を待つしかない。経済の健全性にとって中央銀行の政策立案がよりいっそう重要になっているにもかかわらず、判断に時間を要するために、優れた中央銀行の政策がよりいっそう困難になっている。それこそ中央銀行総裁の思惑どおりなのかもしれないが。

どのような変化が提唱されるべきか。中央銀行は金融の安定にもっと注意を払う必要があるのはほぼ確実である。この点への理解を強化し、監督および規制能力を強化する必要があるのは明らかだ。サブプライムローンへのリスクが高まったときに居眠りをしていたようでは、仮想通貨市場が爆発的に拡大している時には深い眠りに陥りかねない。米国では、マクロプルーデンス上の責任を一つの規制当局にしっかりと割り当てる必要がある。そしてその規制当局は、監視し行動する能力、あるいは関連する規制当局に行動を促す能力を発展させるべきである。

さらに難しい問題は、金融政策をどのように変えるべきかということだ。金融政策の限界と過剰な金融政策による金融安定の危険性とについて、公衆により現実的に知らしめることで、より多くの変更が可能になるというのが、私の信念である。しかし、これは議論が発展中の話題であるため、私の答えは結論の章に持ち越し、本章は質問で終えるのが最適であろう。

答えが必要とされる質問

・中央銀行のインフレに関する使命《マンデート》はどうあるべきか。特定の条件下では一部の側面に到達することが困難であることを使命《マンデート》に織り込むべきか。（例：ディスインフレ状況下でのインフレ上昇）
・中央銀行は金融の安定性に対してどのような責任を負うべきか。目標が矛盾し、マクロプルーデンス規制が効果を発揮しない可能性が高い場合、物価の安定と金融の安定のどちらをどのように選択すべきか。
・中央銀行は物価や金融の安定性以上の責任を負うべきか。
・中央銀行への信頼や信用を損なう危険を冒してでも、中央銀行は従来の政策の道具箱《ツール》の限界について公衆へ説明すべきか。

・どのような新しいツールが許容され得るか。中央銀行は政策金利設定や流動性供給のための入札以外に、市場の機能にどこまで介入すべきか。市場が中央銀行に依存しないよう、前例のない介入が行われるたびに、介入能力はどの程度制限されるべきか。

・中央銀行は世論にどの程度同調すべきか。長期的な成長と安定には必要だが、短期的には不人気な苦痛をもたらしかねない行動をとる能力を、どのように維持するか。

終章

過ぎたるは猶及ばざるが如し

本書を執筆している最中にも、前章で言及した、恐るべきインフレが迫ってきている。先進国の中央銀行総裁の評価は、公衆の目にさらされて非常に落ち込んでいる。少し前まで、彼らは英雄であり、非伝統的な金融政策で低調な成長を支え、労働市場の多少の過熱を許容してマイノリティの雇用を促進し、さらには気候変動を抑制しようとした。これらすべてにおいて躊躇する議会にもっと積極的に取り組むように叱咤激励していた。だが今は、インフレを低く安定させるという最も重要な任務を怠ったとして非難されている。政治家たちは血の匂いを嗅ぎつけ、選挙で選ばれていない権威に対する不信感から中央銀行の使命《マンデート》を再検討したいと考えている。中央銀行はすべてを間違っていたのだろうか。もしそうだとしたら、どうすべきなのだろうか。前章では、世界金融危機後に中央銀行が何をしたかを検討した。本章ではその分析を要約し、政策への影響を考察する。

中央銀行を擁護する

当たり前だが事後的にならなんとでもいえる。パンデミックは前例のないもので、グローバル化した経済への影響を予測するのは非常に困難だった。与野党が対立する議会が何を取捨選択すべきか合意できなかったため、財政対応は非常に寛大なものとなったが、将来を予測するのは容易ではなかった。ウラジーミル・プーチン大統領が二〇二二年二月に戦争を開始し、サプライチェーンがさらに混乱し、エネルギーと食料の価格が高騰するとは誰しも予測しなかった。

たしかに、中央銀行当局がインフレの兆しの増大に反応するのが遅かったのは、紛れもない事実である。二〇〇八年の金融危機後の体制においては、たとえ石油価格であっても、価格高騰が全体の物価水準に影響を与えることは希であると信じられていたせいでもある。第4章で説明したように、過度に低いインフレを押し上げる試みとして、FRBはパンデミック中にその枠組みをも変更し、予想されるインフレへの反応を抑制し、より緩和的な政策を長期間維持すると発表した。この枠組みは、構造的に需要が低迷し、インフレが低下している時代には適切だったが、インフレが高騰しつつあり、価格上昇がさらに別の価格上昇を促進しようとしている時期に導入するには的外れなものだった。しかし、時代が変わりつつあるとは誰が予想できたであろうか。

仮に先見の明に秀でた中央銀行総裁がいたとしても（実際のところ、彼はやり手の市場関係者ほど情報通ではない）、後手にまわってしまったのは致し方のないことだった。中央銀行は経済成長を鈍化させることでインフレを冷却する。その政策は合理的であるとみなされなければならず、そうでなければ独立性を失う。各国政府は経済を支援するために数兆ドルを費やしており、雇用はひどい低迷から回復したばかりで、インフレは十年以上鳴りをひそめていた。そのような状況下で、世間でまだインフレが危険視されていないのに、中央銀行当局が成長を抑制するために利上げを行うのは、無謀でしかなかった。言い換えれば、先手で利上げをして成長を鈍化させる公的正当性がなかった。たとえそれが成功し、その後インフレが上昇しなかったとしても。中央銀行がインフレに対して強力な手段を講じるには、世間がインフレの上昇を認識する必要があった。

要するに、中央銀行には様々な手枷足枷があったのだ。それは直近の歴史と自身の信念であり、自身が低インフレと闘うために採用した枠組みであり、当時の政治状況であり、これら個々の要因の相互作用でもあった。

中央銀行を非難する場合

しかし、この時点で事後検証を終わりにしては、中央銀行に寛大すぎるだろう。結局のところ、過去の行動のせいで窮地から脱する策が狭まっているわけだが、それは以上で概説した理由のためばかりではない。特に財政支配（中央銀行が政府の財政支出に便宜を図るために行動する）と金融支配（中央銀行が市場の要請に従う）の双方の出現を取り上げてみよう。これらは明らかに、過去数年間の中央銀行の行動と無関係ではない。

長期にわたる低金利と高い流動性は、資産価格とそれに伴うレバレッジの上昇を促す。そして政府も民間部門もレバレッジを上昇させた。もちろん、パンデミックとプーチン大統領の戦争は政府支出を押し上げた。しかし、超低水準の長期金利と量的緩和などの中央銀行の行動によって債券市場が麻痺したこともその要因となった。実際、長期債発行によって資金を賄う目的を定めた政府支出への支持があった。にもかかわらず、支出について賛成した良識ある経済学者たちは、十分に警告せず、利害が対立する政治は、万人の役に立つものであるものに限って支出を制定するようにした。そして当然のことながら、政治家たちは、無制限の支出を許すような、不健全だが都合の良い理論（例えば「現代貨幣理論（ＭＭＴ）」）を利用した。

中央銀行は、翌日物《オーバーナイト》準備金を原資とする国債を買い入れることで、政府と中央銀行の連結バランスシートの資金調達の償還期限を短縮し、問題をさらに悪化させた。これは、金利が上昇するにつれて、特に多額の負債を抱えた低成長に陥っている国々の財政問題がさらに困窮する可能性が高くなることを意味する。財政への配慮は、すでに一部の中央銀行の政策に重くのしかかっている。例えば欧州中央銀行は金融政策の「分断化」、すなわち財政の弱い国の国債利回りが強い国の利回りに比べて大幅に高騰することへの影響を懸念している。少なくとも、中央銀行は、たとえショックを予期していなかったとしても、ショックに応じて無制限の支出が起こりやすくなる政治の性質の変化を認識すべきだったのではないだろうか。そうすれば、長期金利の抑圧や政策金利の「長期低金利」の維持にもっと慎重になれたかもしれない。

民間部門も家計レベル（例えばオーストラリア、カナダ、スウェーデン）と企業レベルの双方で、レバレッジを拡大させた。しかし、広く見落とされがちな新たな懸念もある。それは流動性への依存である。[*1] ＦＲＢが量的緩和過程で準備金を増加させると、市中銀行は主にホールセール市場の要求払預金で準備金を調達し、実質的に負債の満期を短縮した。さらに、バランスシート上の大量の低収益な準備金から手数料を捻出するために、市中銀行は民間部門に対し、コミットメントライン、投機的ポジション向けののマージンサポート（多くの銀行が不正ファンドのアルケゴスの投機的ポジションによって追いつめられた事例）等々、流動性に関するあらゆる種類の確約を行った。問題は、中央銀行がバランスシートを縮小する中で、市中銀行がこれらの確約をすぐに解消するのが難しいことだ。民間部門は継続的な流動性供給に関して中央銀行への依存度をさらに高めている。二〇二二年十月の英国の年金騒動でこの現象が垣間見られたが、中央銀行の介入と政府の派手な支出計画の見直しが組み合わさって騒動が拡大した。いずれにしても、このエピソードによって、流動性に依存する民間部門が、金融緩和を縮小するためにバランスシートを縮小する中央銀行の計画に、潜在的に影響を与える可能性があることが示された。

高い資産価格、高い民間レバレッジ、流動性への依存は、中央銀行が金融支配に直面する可能性を示唆している。そのような状況下では、金融政策はインフレではなく、金融資産価格の急落などの金融動向に呼応する。意図があるかどうかに関係なく、ＦＲＢは政策金利の早期引き下げを余儀なくされるだろうとの民間部門の予測によって、金融緩和策を解除するというＦＲＢの任務はいっそう困難になっている。こうした民間部門の期待がない場合、思いのほか長期間にわたってＦＲＢの任務は必然的に厳しさを増すこととなるだろう。そしてそれは、世界の経済活動により大きな悪影響が生じることを意味する。また、資産価格が新たな均衡に達した際に、家計、年金基金、保険会社がいずれも重大な損失を被ることを意味する。これら多くの主体は、資産価格高騰の恩恵を受けてない。官僚の運営する基金、素人、相対的に貧しい人々が資産価格ブームの終焉に巻き込まれるため、分配において問題ある結果を招きそれには中央銀行に責任の一端がある。

最後に、準備通貨国の中央銀行の政策が効果を上げているものの、その行動の結果の責任がない領域の一つに、対外波及効果《スピルオーバー》が挙げられる（第3章参照）。準備金を蓄えている中核国の政策が、資本フローや為替レートの変動を通じて周縁地域に影響を及ぼすのは明らかだ。周縁国は、その政策措置が国内情勢に適しているかどうかに関係なく対応しなければならず、失敗すると、資産価格の高騰、過剰な借入、そして最終的には債務危機などの長期的な影響を被る。この問題については後ほど触れる。

つまり、中央銀行は最近の出来事はサプライズだったと主張することは可能だが、自らの政策余地を制約する役割を果たしてしまっているのだ。表向きは政策金利が下限に達したことへの対処を目的とした非対称かつ非伝統的な政策により、インフレとの闘いを困難にしたばかりでなく、世界に新たな問題を引き起こす様々な不均衡を引き起こした。中央銀行は無実の傍観者ではない。世界金融危機が起こった際の中央銀行の役割が十分に目立たなかったという事実は、中央銀行の行動に自由度を与え、その結果新たな脆弱性が生じたのである。

今、何が起きているのか

では、今何が起こっているのだろうか。中央銀行当局は高インフレとの闘いをよく知っており、それに対抗するツールを持っている。彼らは自由に仕事をするべきだ。今は事後検証で中央銀行の機能を評価するときではない。だが、中央銀行がインフレ抑制に成功すれば、おそらく低成長世界に戻ることになるだろう。人口の高齢化、中国の経済成長の減速、不穏化し軍事化し脱グローバル化する世界情勢という逆風にどう対処すべきか見当もつかない。低インフレ、低成長の世界を、中央銀行当局はあまり理解していない。金融危機後に中央銀行当局が使用した量的緩和などのツールは、経済成長の促進に特に効果はなかった。[*2] さらに、中央銀行の積極的な行動により、財政および金融支配がさらに強まる可能性がある。

根本的な矛盾

それでは、すべてが落ち着いたとき、中央銀行の使命《マンデート》はどうあるべきなのか。気候変動との闘いや包括性の促進などの問題には、中央銀行の政策は間接的な影響しか与えない。これらはまさに政府の任務である。中央銀行は政府が機能していないからといって手を出すべきではない。

しかし、金融政策に関する中央銀行の使命《マンデート》と枠組みに関してはどうすべきだろうか。先ほどの議論では、中央銀行が直面している根本的な矛盾を訴えた。これまでは、一つの枠組みが必要だという意識があった。例えば、インフレ率を一定の範囲内、またはインフレ目標を中心に対称的に維持することをコミットするインフレ目標の枠組みなどである。しかし、BIS総支配人のアグスティン・カルステンスが主張しているように、低インフレのレジームは高インフレのレジームとは大きく異なる可能性がある。[*3] 現状のレジームに応じて、その枠組みを変更する必要があるだろう。価格ショックがあってもインフレが低水準から動かない低インフレのレジームでは、将来的にインフレに対してより寛容になることをコミットして現在のインフレ率を上昇させる必要があるかもしれない。言い換えれば、ポール・クルーグマンが主張したように、彼らは合理的に無責任になることにコミットしなければならない。これは、敢えて手枷足枷となる政策や枠組みを採用し、長期にわたる緩和的な姿勢の維持にコミットすることを意味する。しかし、先に論じたように、それは認知されている財政制約を緩和することによって、レジームの変更を引き起こしかねない。

逆に、あらゆる価格ショックがさらに加速する高インフレのレジームでは、中央銀行は「インフレを目の当たりにしてからでは手遅れ」という信条に従って、インフレを早期に根絶するための強いコミットメントを必要とする。したがって、低インフレのレジームに必要な枠組みへのコミットメントは、高インフレのレジームに必要な枠組みへのコミットメントとは相容れない。

しかし、中央銀行はレジームを踏まえて簡単に立場を変えることはできない。なぜならコミットメントの力を失うことになるからだ。中央銀行は、あらゆるレジームに適する枠組みの選択が必要とされるかもしれない。

枠組みを選択する

もしそうであるならば、リスクのバランスをとるために、金利政策などの標準的なツールを用いて高インフレと闘うという使命《マンデート》を改めて強調すべきであることが求められる。インフレが低すぎる場合はどうすべきか。おそらくウイルスと同様に、低インフレと共存することを学び、量的緩和のようなツールを避けるべきである。それらのツールは現実の経済活動に疑わしいプラス効果をもたらし、信用、資産価格、流動性を歪め、出口を見つけるのが難しい。おそらく、低インフレがデフレスパイラルに陥らない限り、中央銀行はこの点について過度に心配する必要はないだろう。数十年続いた低インフレが日本の成長や労働生産性を鈍化させたわけではない。高齢化と労働力人口の減少が鈍化の直接的な原因である。

中央銀行にはまた、金融安定性を維持するためのより強力な使命《マンデート》も求められる可能性がある。これまで見てきたように、低インフレが長期にわたって続くと、資産価格が上昇し、その結果、レバレッジが高まる。金融理論の研究者は、金融の安定にはマクロプルーデンス的な監督が最適であると主張しているが、残念ながら、これまでのところそれはあまり効果的ではないことが証明されており、仮想通貨バブルと住宅価格ブームがその証拠である。政策の対外への結果に対する責任はどう取るべきか。第3章で提言したように、中央銀行当局と学者はこの点に関する対話のプロセスを開始すべきである。しかし今のところは、金融安定性を維持しながら高インフレとの闘いに再び焦点を絞れば十分だろう。

これら二つの使命《マンデート》によって、世界は低成長に陥るだろうか。そうはならないだろうが、経済成長を促進する責任は、関連する民間部門と政府のもとに戻ることになる。中央銀行が焦点を絞り介入の度合いを軽減すれば、おそらく、現状の高インフレ、高レバレッジ、低成長の状況よりは良い結果を生むだろう。中央銀行は、まさに「過ぎたるは猶及ばざるが如し」と肝に銘じるべきである。

追記：本書の校正刷りを終えたところ、私が懸念していた金融部門の脆弱性が浮き彫りになり始めた。米国では中堅銀行二行が破綻し〔ファーストリパブリック銀行とシリコンバレー銀行〕、すべての銀行預金は暗黙の保証を受け、ＦＲＢは適格証券の額面に反する融資を開始し、スイスの大手銀行〔クレディ・スイス〕は政府保証の支援を受けて急いで別の銀行〔ＵＢＳ〕と合併した。私が警告した金融不安は身近でも発生している。米国ではＦＲＢと財務省が混乱を鎮めるために介入している。不安定性は抑えられるものと期待しているが、判断するのは時期尚早である。これらすべての事象は、本書で表明されている懸念がまさに現実のものとなったことを示している。力強く、公平で、持続可能な経済成長を取り戻すには、中央銀行の政策を再考しなくてはならない。

解説　非伝統的金融政策は効いたのか？

小林慶一郎

ラグラム・ラジャン教授は、銀行危機や銀行規制などを研究する金融論の専門家である。世界中の経済学者が認めるトップクラスの研究者であり、解説者が大学院生だったころからシカゴブース（シカゴ大学・経営大学院）のスター教授であった。ラジャンが一般世間にその名を知られるようになったきっかけは、二〇〇八年の世界金融危機が起きる前、ほとんどの経済学者が世界経済の平穏は続くと予想していたときに、危機の切迫を警告したことである。カンザスシティ連銀が主催する二〇〇五年のジャクソンホール会議で、退任間近のアラン・グリーンスパン連邦準備制度理事会議長の手腕を讃える楽観的なムードが広がっていた中、ラジャンは一人、金融危機の到来を警告した。この一件で、世界金融危機の後、大いに名声を高めたのである。また、ＩＭＦのチーフエコノミストやインド連邦準備銀行の総裁など要職を歴任し、ラジャンは研究者としてだけではなく、金融政策について世界の論壇をリードする識者として広くその名を知られるようになった。

日本でも『セイヴィング キャピタリズム』（ルイジ・ジンガレスとの共著）、『フォールト・ラインズ』、『第三の支柱』などの作品で親しまれている。どの本も、堅実な経済学の学識に裏打ちされているだけでなく、人格的にバランスのとれた著者の人柄がにじみ出た好著である。

本書の内容について

本書（Raghuram Rajan 2023, *Monetary Policy and Its Unintended Consequences*, MIT Press）は、二〇〇八年の世界金融危機後の十数年の間に世界中の中央銀行が実施してきた非伝統的金融政策について、ラジャンの思想をコンパクトにまとめた一冊である。各章は、ラジャンが過去十数年の間に行った講演をもとに編集されている。

第１章は、先進国における世界金融危機への対応とその後の金融政策の展開についての批評と危惧が書かれている。ラジャンは、政府と中央銀行による金融危機への緊急対応については高く評価する。流動性を大量供給し、不良資産を買い取って金融システムから除去したことは金融危機の収拾に大いに貢献した。しかし、その後の非伝統的金融政策（ゼロ金利、量的緩和、フォワードガイダンスなど）について、ラジャンは次のように述べ、非常に懐疑的である。金融危機後の長期停滞は、供給サイドの政策で対応すべき構造的な問題であるのに、世界の中央銀行は巨大で過激な需要刺激を行って、わずかばかりの成長をもたらし、問題を糊塗している。構造問題に対処せずに需要刺激を続けることは、意図せざる結果を生み出す潜在的なリスクを高めている。

第2章は、そのような「意図せざる結果」の一つとして、先進国の非伝統的金融政策が、途上国や欧州の周辺国に与えた波及効果について論じる。中心国における非伝統的な過剰な金融緩和は、周辺国で金融実務やコーポレートガバナンスの劣化を生みだす。その後、中心国がわずかに金融引き締めに転じると、劣化が表面化し、周辺国では資本流入の途絶（サドン・ストップ）ともいうべき大変動に襲われるのである。

第3章は、前章の議論を受けて、非伝統的金融政策の時代に対応した、国際的な政策ルールの策定を求める議論を展開する。自国に利益はあるが他国に害を及ぼす金融政策を、国際的合意の下で交通信号のように「青」、「黄」、「赤」に分類することを著者は提案する。学者の会議から開始して、最終的には国際機関での正式の協定によって国際的な金融政策ルール作りを目指そうと提言するのである。

第4章は、二〇二一年にラジャンが行ったスピーチに基づいている。世界金融危機からコロナのパンデミックまでの十数年の間、金融政策の実態を見て、ラジャンの非伝統的金融政策への否定的な見方はますます強まった。二〇〇八年の金融危機の収拾に成功した中央銀行には大きな期待が集まり、その期待が大きな政治的プレッシャーとなって中央銀行を追い詰めた。結果的に、先進国の中央銀行は、危機後の長期停滞からの脱却を、巨大な需要刺激によって実現するという、能力を超える責務を引き受けてしまったのである。無理な約束を実現しようとして非伝統的な金融緩和を続けたため、金融システムには意図せざる副作用ももたらされた。その一つとしてラジャンが自身の研究論文に基づいて指摘するのは「流動性への依存（Liquidity dependence）」である。非伝統的金融政策によって、民間銀行が、中央銀行当座預金という資産を、要求払預金という流動的な負債でファイナンスすることが助長されていると、著者は指摘する。その結果として、民間銀行の流動性需要が過度に高まり、金融システムが脆弱化している、というのである。

終章では、こうした評価に基づき、ラジャンは非伝統的金融政策からの撤退を主張する。世界金融危機後の十数年のように、構造的な低インフレになった場合には、低インフレから無理に抜け出そうとするのではなく、低インフレと共存するべきなのだとラジャンは言う。非伝統的金融政策は、その効果は疑わしく、資産価格や流動性や借入市場などを歪め、一度始めたら止めることが難しい。金融危機による急激なデフレスパイラルは全力で阻止するべきだが、低インフレや緩やかなデフレなら、中央銀行はそこから抜け出そうと躍起になるべきではない。そのようなときに、非伝統的金融政策という危うい手段には手を出すべきではない、とラジャンは言う。

緩やかなデフレまたは低インフレとは共存することに慣れるべきだ、というラジャンの議論は、2%のインフレ目標の達成を目指すことが常識とされる世界の中央銀行コミュニティに大きな一石を投じるものである。時代の空気にとらわれず、危機を事前に予言したラジャンの面目躍如たる論考である。

三つの論点

解説者は本書で示されたラジャンの見解に概ね同意するが、以下では、補足的に三つの論点を提起したい。いくぶん専門的な事柄も含むが、ラジャンの議論を理解するための補助線として少しでも役立てば幸いである。

①非伝統的金融政策はインフレ期待をなぜ作れなかったのか

ラジャンは、非伝統的金融政策に経済を改善する効果があったかどうか疑わしいという。金融危機を収拾する責務を世界の中央銀行は立派に果たしたが、その後の長期停滞は構造問題なのだから、基本的にその解決は中央銀行ではなく、政府の仕事である。そうであるにもかかわらず、中央銀行が長期停滞からの脱却という任務を引き受けたため、非伝統的金融政策という無理な政策を行うことになった。これがラジャンの基本的な立場である。非伝統的金融政策の効果を疑問視する根拠として、ラジャンは、中央銀行関係者ではない経済学者の多くが非伝統的金融政策に効果がなかったと分析しているという事実を紹介している（Fabo et al. 2021による)。

非伝統的金融政策の有効性を巡っては、日本銀行も一九九〇年代末から二〇二〇年代までの過去二五年間を振り返る多角的レビューを始めるなど、近年、盛んに議論されている。議論の中で中心的な話題は、量的緩和などの新しい政策手法が、長期金利を低下させる効果があったかどうか、という論点である。その一方で、あまり触れられていない問題として、「非伝統的金融政策は、なぜ、直接的にインフレ期待を作れなかったのか」ということがある。

一九九〇年代末に、ポール・クルーグマンは「将来の無責任な金融政策にコミットすることによってインフレ期待を作ることができ、現在のインフレ率を高めることができる、と論じた（Krugman 1998）。様々な非伝統的金融政策は、基本的にこのクルーグマンの議論に基づいて考案されたものだった。この議論を多くの経済学者が正しい推論だと受け入れていたのだから、なぜ非伝統的政策でインフレ期待を形成できなかったのかは、金融政策の総括の議論において明らかにする必要があるだろう。

中央銀行が、将来の金融政策を現時点において約束できるという「コミットメント能力」を持つと仮定すれば、クルーグマンの議論は疑問の余地なく成立する。ということは、非伝統的政策がインフレ期待を高められなかった現実が示しているのは、中央銀行がその「コミットメント能力」を持っていない、ということだと思われる。言い換えれば、「人々は中央銀行が将来の政策について現時点で決められる、とは信じていない」ということである。

政策当局は長期の将来について約束することはできない。その前提で、当局は政策を考えなければならない。これが非伝統的金融政策の経験から我々が肝に銘じるべき教訓ではないだろうか。

②「意図せざる結果」とはなにか

本書では、非伝統的金融政策によって、金融システムに資産バブルや流動性依存などの歪みが蓄積することを問題視している。このような歪みの蓄積が、将来において、大きな金融危機を招来することを非伝統的金融政策の「意図せざる結果」と呼んでいるのである。しかし、近年のマクロ経済学の研究では、このほかにも非伝統的金融政策が想定外の結果を生む可能性が示されている。それは、金融緩和を長期的に続けることが、経済成長率を低下させるということである。

価格硬直性がある経済で、金融緩和政策すなわち金利の引下げが消費や投資を増やすということは常識だと我々は考えてきたが、それは金融緩和を短期的に行った場合のことである。十年単位の長期にわたって金融緩和が続くなどということは、そもそも近年まで経済学的に検証されてこなかった。ところが、「長期的な金融緩和の継続（またはその予想）が、経済成長に負の影響を持つかもしれない」と指摘する次のような研究が最近になって相次いで発表されている。

プリンストン大学の清滝信宏教授たちは、金利が低いと新しい技術を持った起業家が起業しにくくなり、経済全体の生産性上昇が鈍化して経済成長率が低下すると論じた（Kiyotaki, Moore and Zhang 2021）。起業が困難になるのは、低金利のために土地価格などコストが高くなるのに対し、新しい起業家は銀行からの信頼をまだ得られていないので、金利が低くなっても借入れを増やせないからである。起業に必要な費用が増えるのに、借入が増やせないため、新規の起業が低迷するということである。

他にも、金利が低くなると、一番手の企業が投資を増やし、二番手以下の企業は投資を相対的に減らすので、市場の集中度が高まると指摘した研究もある（Liu, Mian and Sufi 2022）。市場の集中度が高まると、企業間の格差が大きくなり、独占の弊害が顕著になるため、経済全体の生産性が低下して経済成長率も低下するというのである。

これらの研究は、理論的な可能性を指摘するものだが、長期的な低金利政策の継続が経済成長率を低下させるかもしれない、という事実はまさに「意図せざる結果」というにふさわしい。非伝統的金融緩和は、もともとの政策の意図としては成長率に影響を与えようとしていたのではなく、短期または中期的に続く大きな需要不足を金融政策で補おうとする政策であった。意図した需要下支え効果が仮にあったとしても、それとは別に、長期的な経済成長率の低下をもたらしていたのだとしたら、やはり、非伝統的金融緩和政策は政策として割に合わないということになるだろう。

③中央銀行の独立性

中央銀行は経済を自在にコントロールできるはずだ、という世間の期待や政治的プレッシャーに押されて、低インフレ・低成長からの脱却という政府の仕事を、中央銀行は自らの責務として引き受けてしまった。こうラジャンは本書で繰り返し批判している。

ではなぜ、中央銀行は無理な仕事を引き受けたのか。解説者なりに敷衍すると、以下で説明するように、「中央銀行が独立性を守ろうとしたから」と解釈できるのではないか。本来、政府の放漫財政によって高インフレが起きることを防止するために、中央銀行の独立性は定められた。しかるに、独立性を守ろうとする中央銀行の反応が、結果的に政府の財政規律の弛緩を助長し、独立性の本来の目的を毀損しているのではないか。これも非伝統的政策の一つの「意図せざる結果」と言えるかもしれない。

日本の状況に即して言えば、日本銀行は政府の行うべき構造改革や財政運営などの政策について意見を言わないのが伝統である。これは独立性を守ろうとする中央銀行の「相互主義」的姿勢の表れである。つまり、政府から中銀の政策に注文を付けられないようにするため、中銀も政府のやるべき構造改革について注文を付けない、という相互不干渉を中銀は政府に暗に提案しているのである。さらに、中央銀行が政治家からの期待に応えようとして、（ラジャンから見れば）過度に緩和的な金融政策を先回りして実施するのも、そうしなければ政治家の不満が高まって、政治が中銀の独立性を制限するような法改正をするのではないかと、中銀が恐れているからだとも言える。ここにも独立性を守ろうとする中銀の意思がある。

こうして過度な金融緩和が続く結果、本来なら政府が進めるべき構造改革が進まず、政府は財政規律を失い、将来のインフレや財政危機のリスクが高まる。独立性を守ろうとする中央銀行の姿勢が、中銀の独立性が置かれた本来の目的（すなわち放漫財政の防止）を損なってしまうのである。金融（中央銀行）と財政（政府）についてのこのような問題は、日本ではしばしば論じられてきたが、本書でのラジャンの指摘を読むと、これは日本だけの問題ではなく世界共通の課題であると認識を新たにさせられる。

本書からの教訓は、中央銀行と政府が「相互不干渉」であってはならない、ということではないだろうか。ちょうど日本の経済政策について別のところで論じたことだが（小林 二〇二四)、政府の政策も中央銀行の政策も、両方を俯瞰して、全体として最適な経済政策とは何かを、誰もがオープンに議論するべきではないかと思われる。その際、政府も中央銀行も、自他の管轄領域にこだわらず、相手の政策についても正々堂々と指摘するべきである。そのような議論ができる場を公共空間として作る必要がある。政府も中央銀行も、全体最適を追求する政策論を議論し、そこでの合意に基づいて、それぞれの管轄領域に帰って自らが実施するべき政策を実行する、ということが理想である。月並みだが、「Think globally, act locally」こそ政府・中央銀行の関係に求められているのではないだろうか。

高インフレ下における金融政策

パンデミック後の高インフレ環境においては、中央銀行は速やかに伝統的な金融政策に回帰して、インフレ高進の阻止と金融システムの安定性の維持という本来の中央銀行の責務を淡々と追求するべきだ、とラジャンは主張する。

ただ、二〇二〇年代半ばの今、パンデミック後の世界で積みあがった公的債務がマクロ経済環境にどのような影響を与えるかが問題である。特に日本では、インフレ阻止のために金利を引き上げると、公的債務が大きいのでその持続性が疑問視されるようになるかもしれない。そうなれば将来不安が高まって経済活動が再び停滞し、インフレ率も低下するだろう。つまり、政府債務が大きい中では、インフレ率の安定という基準で判断したとしても、利上げ余地は小さいかもしれないのである。すると、これからも低金利を続けざるを得ないかもしれず、そうなればKiyotaki et al.（2021）やLiu et al.（2022）などのメカニズムで、長期的に経済成長率も低迷するかもしれない。

これは、今後も低成長が続くという悪いシナリオである。国民生活にとっては、もっと高い成長を実現するような財政運営と金融政策が望ましい。全体最適な政策としては、政府が長期的な財政の持続性にコミットすることで金利の引き上げ余地を確保し、中央銀行が金利を正常な水準に引き上げることによって、持続可能な経済環境を取り戻すべきである。

なお、日本の公的債務は多すぎるので、すぐに財政の健全化を達成することはできない。いまできる一つの案を例示すると、それは独立財政機関の創設である。独立財政機関とは、財政に関する長期的な推計を中立的な立場から国民に示す公的機関である。まずは、財政の持続性についての議論の前提となる情報を国民的に共有しなければならない。信頼できる情報発信として、主要な先進国が設置している独立財政機関を我が国も創設し、三〇年〜五〇年のレンジで長期推計を公表することが望ましい。

世界金融危機から現在までのラジャンの思索をまとめた本書は、危機後の非伝統的金融政策の動きを振り返り、今後を考える上で、様々な示唆に富む、きわめて重要な一冊である。時代の空気に流されないラジャンの独立した思考から、私たちは多くを学ぶことができる。そして経済学の将来に希望を抱くことができるのである。

参考文献

Fabo, Brian, Martina Jančoková, Elisabeth Kempf, and Ľuboš Pástor（2021）"Fifty Shades of QE: Comparing Findings of Central Bankers and Academics." *Journal of Monetary Economics* 120:1–20.

Kiyotaki, Nobuhiro, John Moore and Shengxing Zhang（2021）"Credit Horizons" NBER Working Paper No. 28742.

Krugman, Paul. R.（1998）"Japan's Trap." https://www.princeton.edu/~pkrugman/japans_trap.pdf（『クルーグマン教授の〈ニッポン〉経済入門』山形浩生訳、春秋社、二〇〇三年所収）

Liu, Ernest, Atif Mian and Amir Sufi (2022), "Low Interest Rates, Market Power, and Productivity Growth." *Econometrica*, 90: 193–221.

Rajan, Raghuram and Luigi Zingales (2003) *Saving Capitalism from the Capitalists: Unleashing the Power of Financial Markets to Create Wealth and Spread Opportunity*, Crown Business Division of Random House.（『セイヴィング キャピタリズム』堀内昭義ほか訳、慶應義塾大学出版会、二〇〇六年）

Rajan, Raghuram (2010) *Fault Lines: How Hidden Fractures Still Threaten the World Economy*, Princeton University Press.（『フォールト・ラインズ――「大断層」が金融危機を再び招く』、伏見威蕃・月沢李歌子訳、新潮社、二〇一一年）

――（2019）*The Third Pillar: How Markets and the State Leave the Community Behind*. Penguin Press.（『第三の支柱――コミュニティ再生の経済学』月谷真紀訳、みすず書房、二〇二一年）

小林慶一郎（二〇二四）『日本の経済政策――「失われた30年」をいかに克服するか』中公新書

7)　Cochrane (2018) とGreenlaw et al. (2018) も参照。
8)　例えばLevy and Plosser (2022) とPlosser (2021) を参照。
9)　Coeure (2021) を参照。
10)　例えばRajan (2006) を参照。
11)　Smith (2021) を参照。
12)　Acharya and Rajan (2022) を参照。
13)　Brauning and Ivashina (2020) を参照。

終章

1)　Acharya et al. (2022) を参照
2)　例えばFabo et al. (2021) を参照。
3)　Carstens (2022) によるスピーチを参照。

Rebucci (2018) を参照。

4) 例えばBruno and Shin (2015) を参照。

5) より詳細な議論についてはBorio and White (2004) 参照。

6) IMF (2012).

7) https://www.globalfinancialgovernance.org/

第3章

1) 見解は著者のものであり、IMFまたは著者が所属するいかなる機関の見解を表すものではない。

2) 最近の非伝統的金融政策による為替レートへの影響についてのエビデンスは、例えばTaylor (2017) を参照。

3) 例えばBernanke (2015) を参照。

4) Alter and Elekdag (2020) を参照。

5) Rey (2013); Baskaya et al. (2022); and Morais, Peydro, and Ruiz (2015) を参照。

6) 例えばShin (2016) あるいは第2章を参照。

7) 例えばBorio (2014b) やBorio and Disyatat (2009) を参照。

8) 青信号と評価され得るものの1つの例は、Taylor (2017) によって提案された枠組みである。この枠組みでは、各国はルールに基づいた金融政策を告知する（緊急時にはオプトアウトで対応する)。このような枠組みには、各国が資金の源となっている国の政策に対して合理的な対応機能を設定できるという追加の利点がある。

9) Svensson (2001) を参照。

10) 展望の1つはMishra and Rajan (2019) を参照。

11) IMF (2006) を参照。

第4章

1) 関連する1つのモデルはGeanakoplos (2010) を参照

2) Greenspan (1996) を参照。

3) Greenspan (2002) を参照。

4) 当時の ECB総裁マリオ・ドラギ (Draghi 2012) はこう述べた。「我々の使命の範囲内で、ECBはユーロを維持するために必要なことは何でもする用意がある。そして私を信じてください、それで十分です」。実際のところ、この声明だけで十分だったようで、実際には OMT アクションは実行されなかった。

5) Tobin (1969) を参照。

6) Krishnamurthy and Vissing-Jorgensen (2011) を参照。

少し、したがって均衡安全プレミアムが増加するために発生する。Baa格など安全性の低い資産の名目（デフォルト調整後）金利への影響はわずかしか見られない。量的緩和がMBS金利に与える影響は、量的緩和がMBS購入を伴う場合は大きいが、それが国債の購入を伴う場合はそうではなく、QEの二番目の主要なチャネルが住宅ローン固有のリスクの均衡価格に影響を与えるものであることを示している。インフレスワップレートとTIPSによる証拠は、QE1とQE2の両方により期待インフレ率が上昇したことを示しており、実質金利の低下が名目金利の低下よりも大きかったことを示唆している。我々の分析は、(a) QEは特定の資産に異なる影響を与える複数のチャネルを通じて機能するため、政策目標として国債レートのみに焦点を当てるのは不適切であり、(b) 特定の資産への影響はどの資産が購入されるかに大きく依存することを示唆している。

25) Stein (2013) を参照。実証的エビデンスとしては例えば Becker and Ivashina (2015); Ioannidou, Ongena, and Peydró (2009); Maddaloni and Peydró (2011) を参照。理論としてはDiamond and Rajan (2012), Farhi and Tirole (2012), and Acharya, Pagano, and Volpin (2016) を参照。

26) 例えば、Adrian and Shin (2010), Adrian and Shin (2012), BIS (2011), Borio and Disyatat (2011), Cetorelli and Goldberg (2012), Chudik and Fratzscher (2012), and Schularick and Taylor (2012) を参照。

27) Rey (2013, 2017) を参照。

28) 流入国の効果についての細かい分析はBarroso, da Silva, and Sales (2016) を参照

29) この問題への考察についてはCaruana (2012) を参照。

30) 例えばDiamond and Rajan (2012) あるいは Farhi and Tirole (2012) を参照。

31) 例えばCheng, Raina, and Xiong (2014) を参照。

32) 興味深いエピソードとしては、Rajan and Ramcharan (2015).で挙げた米国の企業モーゲージ危機を参照。

第2章

1) Diamond, Hu, and Rajan (2020a, 2020b).

2) Eichenbaum and Evans (1995); Bruno and Shin (2015) を参照。

3) 国際的な信用供給ショックの最中での資産価格成長と通貨評価に関する詳細なエビデンスについてはCesa-Bianchi, Ferrero, and

14) 経済的な事例は債務過剰に関連する古典的な議論である（理論については Myers (1977) を、1930年代の債務を裏付ける金約款の否認が米国にもたらした利益に関する証拠については Kroszner (2003) を参照）。

15) 被災地域での失業保険の延長など、的を絞った財政支出も効果があるかもしれないが、別の副作用もある。

16) 債券購入プログラム（OMT）は、欧州中央銀行（ECB）のプログラムであり、欧州中央銀行のセカンダリー特定の条件の下で、ユーロ圏加盟国が発行する債券をソブリン債市場で購入（「アウトライト取引」）するものである。

17) 私が言及したのは Bernanke, Reinhart, and Sack (2004); Borio and Disyatat (2009); and Woodford (2012) in this section.

18) しかし、どちらかのレートに影響を与えようとする試みも反応を引き起こすという証拠もある。企業は、イールドカーブの「より安価な」分野、政府が立ち退いた分野で借入しようとする。Stein, Greenwood, and Hanson (2010) を参照。

19) ポートフォリオバランスの議論を説明する別の手法は、債券投資家のポートフォリオからリスクの高い長期債券を取り除くことによって、彼らの満たされないリスクアペタイト〔金融機関が事業計画のために引き受けようとするリスクの種類と量〕が増大し、残りの長期債券も含めたすべてのリスク資産の価格が上昇するというものだ。

20) FRBは危機の初期段階ではデフレを懸念していたが、インフレ期待がしっかりと根付いているため、その懸念は薄れている。

21) これが通常の金融政策とどう違うのかという疑問も生じかねないが、フォワードガイダンスはおそらく通常の政策声明よりも長期にわたる低金利へのコミットメントを意味する。もちろん、過去10年間で、「異次元」は「普通次元」となった。

22) 例えばKrishnamurthy and Vissing-Jorgensen (2011) を参照。

23) Diamond and Rajan (2012) or Woodford (2012).

24) Krishnamurthy and Vissing-Jorgensen (2011) を参照。
我々は、FRBによる長期国債およびその他の長期債券の購入（2008～09年の「QE1」および 2010～11年の「QE2」）が金利に及ぼす影響を評価している。日次および日中のデータの両方を活用するイベント・スタディの手法によって、長期安全資産（国債、政府機関債、高格付け社債）の名目金利が大幅に低下していることが判明している。これは主に、長期安全な名目資産には特有の顧客が存在し、FRBが購入することでそのような資産の供給が減

注

はじめに

1) See Rajan (2006).
2) ヘレン・レイの研究を紹介するのに適しているのは、アンドリュー・クロケット記念講演講義、Rey (2017)

第1章

1) Crockett (2001).
2) この要約は、Rajan (2012) に掲載した文書を改訂したものである。
3) Cowen (2011).
4) Streeck (2011).
5) Hauptmeier, Sanchez-Fuentes, and Schuknecht (2011) を参照。
6) Krishnamurthy (2010) を参照。
7) 例えばEggertsson and Krugman (2012) 参照。
8) 金利がゼロを下回ると、誰もがマイナス金利になる預金として現金を預けずに、そのまま保有するようになる。大量の現金を保有するにはコストがかかるため (かからないとしても安全ではない)、いくつかの中央銀行は、名目金利をゼロをわずかに下回る水準まで引き下げるが、その引き下げにも限界がある。
9) この結果を得るために、退職時の貯蓄行動を用いて、Eggertsson and Krugman (2012) のモデルを微調整した。タームストラクチャー (期間構造) に渡って金利が低下するにつれて資産価格が上昇すると、貯蓄者は補償されるのだろうか。彼らがリスクを回避する傾向があり、収入に比べて価格の上昇が小さいCD (譲渡性預金) や銀行預金などのより安全な資産を好む場合は、おそらくそうではないだろう。
10) 例えばBertrand and Morse (2016) を参照。
11) Mian and Sufi (2015).
12) 実際、借入へのアクセスの変化に伴い表現可能な需要のパターンが変化しているため、インフレを伴わずに経済成長のペースが低下する可能性もある。建設労働者が多すぎて宝石商が少なすぎる場合、需要の増加に伴って、生産量が増えるのではなく、宝石価格が高くなることもある。
13) 関連する見解として King (2013).

rogoff2003.pdf

Schularick, Moritz, and Alan M. Taylor, 2012. Credit Booms Gone Bust: Monetary Policy: Leverage Cycles, and Financial Crises, 1870–2008. *American Economic Review* 102:1029–1061.

Shin, Hyun Song, 2016. The Bank/Capital Markets Nexus Goes Global, speech given at the London School of Economics and Political Science, London, UK, 15 November.

Smith, Annabel, 2021. KBC AM Fixed Income Dealer Departs for Tradeweb Product Development Role. The Trade. https://www.thetradenews.com/kbc-am-fixed-income-dealer-departs-for-tradeweb-product-development-role/.

Stein, Jeremy C., 2013. Overheating in Credit Markets: Origins, Measurement, and Policy Responses, Board of Governors of the Federal Reserve System. http://www.federalreserve.gov/newsevents/speech/stein20130207a.htm.

Stein, Jeremy, Robin Greenwood, and Samuel Hanson, 2010. A Gap-Filling Theory of Corporate Debt Maturity Choice. *Journal of Finance* 65 (3): 993–1028.

Streeck, Wolfgang, 2011. The Crises of Democratic Capitalism. *New Left Review*. https://newleftreview.org/issues/ii71/articles/wolfgang-streeck-the-crises-of-democratic-capitalism.

Svensson, Lars E. O., 2001. The Zero Bound in an Open Economy: A Foolproof Way of Escaping from a Liquidity Trap. *Monetary and Economic Studies* 19 (S-1): 277–312.

Taylor, John B., 1993. Discretion versus Policy Rules in Practice. In Carnegie-Rochester *Conference Series on Public Policy* (Vol. 39, 195–214). Amsterdam: North-Holland.

Taylor, John B., 2017. Ideas and Institutions in Monetary Policy Making, the Karl Brunner Lecture, Swiss National Bank, Zurich, Switzerland, 21 September.

Tobin, James, 1969. A General Equilibrium Approach to Monetary Theory. *Journal of Money*, Credit and Banking 1 (1): 15–29.

Woodford, Michael, 2012. Methods of Policy Accommodation at the Interest-Rate Lower Bound, paper presented at the Federal Reserve Bank of Kansas City Symposium at Jackson Hole, Jackson Hole, WY, 31 August.

Securitization, Supervision, and Low Interest Rates: Evidence from Lending Standards. *Review of Financial Studies* 24 (6): 2121–2165.

Mian, A., and A. Sufi, 2015. *House of Debt: How They (and You) Caused the Great Recession, and How We Can Prevent It from Happening Again*. Chicago, IL: University of Chicago Press.

Mishra, Prachi, and Raghuram Rajan, 2019. International Rules of the Monetary Game. In *Currencies, Capital, and Central Bank Balances,* edited by John Cochrane, Kyle Palermo, and John Taylor. Stanford, CA: Hoover Institution Press, 1–42.

Morais, Bernardo, Jose-Luis Peydro, and Claudia Ruiz, 2015. The International Bank Lending Channel of Monetary Policy Rates and QE: Credit Supply, Reach-for-Yield, and Real Effects. International Finance Discussion Papers 1137. Board of Governors of the Federal Reserve System.

Myers, Stewart, 1977. Determinants of Corporate Borrowing. *Journal of Financial Economics* 5:147–175.

Plosser, Charles, 2021. The Fed's Risky Experiment. Hoover Institution Working Paper 21116.

Rajan, Raghuram, 2006. Has Financial Development Made the World Riskier? *European Financial Management* 12 (4): 499–533.

Rajan, Raghuram, and Rodney Ramcharan, 2015. The Anatomy of a Credit Crisis: The Boom and Bust in Farm Land Prices in the United States in the 1920s. *American Economic Review* 105 (4): 1439–1477.

Rey, Helene, 2013. Dilemma not Trilemma: The Global Financial Cycle and Monetary Policy Independence, paper presented at the 25th Federal Reserve Bank of Kansas City Annual Economic Policy Symposium, Jackson Hole, WY, 24 August.

Rey, Helene, 2017. The Global Financial System, the Real Rate of Interest and a Long History of Boom-Bust Cycles, Andrew Crockett Memorial Lecture, Bank of International Settlements.

Rogoff, Kenneth, 1985. The Optimal Degree of Commitment to an Intermediary Monetary Target. *Quarterly Journal of Economics* 100:1169–1189.

Rogoff, Kenneth, 2004. Globalization and Global Disinflation. In Jackson Hole Symposium Proceedings, Monetary Policy and Uncertainty:-Adapting to a Changing Economy, 77–112. Federal Reserve Bank of Kansas City. https://scholar.harvard.edu/files/rogoff/files/

International Monetary Fund, 2006. *Article IV of the Fund's Articles of Agreement: An Overview of the Legal Framework*. Washington, DC: International Monetary Fund.

International Monetary Fund, 2007. *Review of the 1977 Decision—Proposal for a New Decision, and Public Information Notice*. Washington, DC: International Monetary Fund.

International Monetary Fund, 2012. The Liberalization and Management of Capital Flows: An Institutional View. https://www.imf.org/external/np/pp/eng/2012/111412.pdf

Ioannidou, Vasso, Steven Ongena, and Jose Luis Peydro, 2009. Monetary Policy and Subprime Lending: A Tall Tale of Low Federal Funds Rates, Hazardous Loan and Reduced Loans Spreads. European Banking Centre Discussion Paper 45.

King, Mervyn, 2013. Monetary Policy: Many Targets, Many Instruments. Where Do We Stand? Remarks Given by the Governor of the Bank of England at the IMF Conference on Rethinking Macro Policy II: First Steps and Early Lessons, Washington, DC.

Kohn, Donald, 2015. Implementing Macroprudential and Monetary Policies: The Case for Two Committees, Speech at Federal Reserve Bank of Boston, Boston, MA. https://www.brookings.edu/on-the-record/implementing-macroprudential-and-monetary-policies-the-case-for-two-committees/

Krishnamurthy, Arvind, 2010. How Debt Markets Have Malfunctioned in the Crisis. *Journal of Economic Perspectives* 24 (1): 3–28.

Krishnamurthy, Arvind, and Annette Vissing-Jorgensen, 2011. The Effects of Quantitative Easing on Interest Rates: Channels and Implications for Policy. *Brookings Papers on Economic Activity* No. 2 (Fall): 215–265.

Kroszner, Randall, 2003. Is It Better to Forgive Than to Receive? An Empirical Analysis of the Impact of Debt Repudiation, Working Paper, University of Chicago.

Kydland, Finn E., and Edward C. Prescot, 1977. Rules Rather Than Discretion: The Inconsistency of Optimal Plans. *Journal of Political Economy* 85 (3): 473–492.

Levy, Mickey D., and Charles I. Plosser, 2022. The Murky Future of Monetary Policy. *Federal Reserve Bank of St. Louis Review*. https://doi.org/10.20955/r.104.178-88

Maddaloni, Angela, and Jose-Luis Peydro, 2011. Bank Risk Taking,

Shin, A. Velasco, B. Weder di Mauro, and Y. Yu, 2011. Rethinking Central Banking, Report of the Committee on International Economic Policy and Reform. Washington, DC: Brookings Institution.

Fabo, Brian, Martina Jančokova, Elisabeth Kempf, and Ľuboš Pastor, 2021. Fifty Shades of QE: Comparing Findings of Central Bankers and Academics. *Journal of Monetary Economics* 120:1–20.

Farhi, Emmanuel, and Jean Tirole, 2012. Collective Moral Hazard, Maturity Mismatch, and Systemic Bailouts. *American Economic Review* 102:60–93.

Foley-Fisher, Nathan, Rodney Ramcharan, and Edison Yu, 2016. The Impact of Unconventional Monetary Policy on Firm Financing Constraints: Evidence from the Maturity Extension Program. *Journal of Financial Economics* 122:409–429.

Geanakoplos, John, 2010. The Leverage Cycle. *NBER Macroeconomic Annual* 24 (1): 1–65.

Gopinath, Gita, and Jeremy C. Stein, 2021. Banking, Trade, and the Making of a Dominant Currency. *Quarterly Journal of Economics* 136 (2): 783–830.

Greenlaw, David, James D. Hamilton, Ethan Harris, and Kenneth D. West, 2018. A Skeptical View of the Impact of the Fed's Balance Sheet. Chicago Booth Working Paper. https://research.chicago booth.edu/-/media /research/igm/docs/2018-usmpf-report.pdf

Greenspan, Alan, 1996. The Challenges of Central Banking in a Democratic Society, speech at the American Enterprise Institute, Washington, DC, 5 December. www .federalreserve.gov/ boarddocs/speeches/1996/19961205.htm

Greenspan, Alan, 2002. Opening Remarks. Federal Reserve Bank of Kansas City, Jackson Hole Conference, Jackson Hole, WY, 30 August.

Grosse-Rueschkamp, Benjamin, Sascha Steffen, and Daniel Streitz,2019. A Capital Structure Channel of Monetary Policy. *Journal of Financial Economics* 133:357–378.

Hausmann, Ricardo, Ugo Panizza, and Ernesto Stein, 2001. Why Do Countries Float the Way They Float? *Journal of Development Economics* 66 (2): 387–414.

Hofmann, Boris, Hyun Song Shin, and Mauricio Villamizar-Villegas, 2019. FX Intervention and Domestic Credit: Evidence from High-Frequency Micro Data, BIS Working Paper 774.

Chudik, Alexander, and Marcel Fratzscher, 2012. Liquidity, Risk and the Global Transmission of the 2007–9 Financial Crisis and the 2010–11 Sovereign Debt Crisis, ECB Working Paper 1416.

Cochrane, J., 2018. Slok on QE, and a Great Paper. https://johnhcochrane.blogspot.com/2018/02/slok-on-qe-and-great-paper.html

Coeure, B., 2021. Finance Disrupted, speech at the 23rd Geneva Conference on the World Economy, Geneva, Switzerland, 7 October. https://www.bis.org/speeches/sp211007.htm

Cowen, T, 2011. *The Great Stagnation: How America Ate All the Low-Hanging Fruit of Modern History, Got Sick, and Will (Eventually) Feel Better: A Penguin eSpecial from Dutton*. New York: Penguin.〔『大停滞』池村千秋訳、NTT出版、2011年〕

Crockett, Andrew, 2001. Monetary Policy and Financial Stability, BIS. http://www.bis.org/review/r010216b.pdf?frames=0

Di Maggio, Marco, Amir Kermani, and Christopher J. Palmer, 2020. How Quantitative Easing Works: Evidence on the Refinancing Channel. *Review of Economic Studies* 87 (3): 1498–1528.

Diamond, Douglas W., Yunzhi Hu, and Raghuram G. Rajan, 2020a. Pledgeability, Industry Liquidity, and Financing Cycles. *Journal of Finance* 75 (1): 419–461.

Diamond, Douglas W., Yunzhi Hu, and Raghuram G. Rajan, 2020b. The Spillovers from Easy Liquidity and the Implications for Multilateralism. *IMF Economic Review* 68 (1): 4–34.

Diamond, Douglas W., and Raghuram Rajan, 2012. Illiquid Banks, Financial Stability, and Interest Rate Policy. *Journal of Political Economy* 120 (3): 552–591.

Draghi, Mario, 2012. Speech by Mario Draghi, President of the European Central Bank at the Global Investment Conference, 26 July, London, UK. www .ecb.europa.eu/press/key/date/2012/html/sp120726.en.html

Eggertsson, Gauti B., and Paul Krugman, 2012. Debt, Deleveraging, and the Liquidity Trap: A Fisher-Minsky-Koo Approach. *Quarterly Journal of Economics* 127 (3): 1469–1513.

Eichenbaum, Martin, and Charles Evans, 1995. Some Empirical Evidence on the Effects of Shocks to Monetary Policy on Exchange Rates. *Quarterly Journal of Economics* 110 (4): 975–1009.

Eichengreen, B., M. El-Erian, A. Fraga, T. Ito, J. Pisani-Ferry, E. Prasad, R. Rajan, M. Ramos, C. Reinhart, H. Rey, D. Rodrik, K. Rogoff, H. S.

Context, paper presented at the 16th Jacques Polak Annual Research Conference, IMF, Washington, DC, 5-6 November.

Bernanke, Ben, Vincent Reinhart, and Brian Sack, 2004. Monetary Policy Alternatives at the Zero Lower Bound: An Empirical Assessment. *Brookings Papers on Economic Activity* 2004 (2): 1-100.

Borio, Claudio, 2014a. The Financial Cycle and Macroeconomics: What Have We Learnt? *Journal of Banking and Finance* 45:182-198.

Borio, Claudio, 2014b. The International Monetary and Financial System: Its Achilles Heel and What to Do about It, BIS Working Paper 456.

Borio, Claudio, and Piti Disyatat, 2009. Unconventional Monetary Policies: An Appraisal, BIS Working Paper 292.

Borio, Claudio, and Piti Disyatat, 2011. Global Imbalances and the Financial Crisis: Link or No Link? BIS Working Papers 346. http://www.bis.org/publ/work346.pdf

Borio, Claudio, and W. R. White, 2004. Whither Monetary and Financial Stability? The Implications of Evolving Policy Regimes (No. 147). Bank for International Settlements.

Brauning, F., and Ivashina, V., 2020. U.S. Monetary Policy and Emerging Market Credit Cycles. *Journal of Monetary Economics* 112:57-76.

Bruno, Valentina, and Hyun Song Shin, 2015. Capital Flows and the Risk-Taking Channel of Monetary Policy. *Journal of Monetary Economics* 71:119-132.

Calvo, Guillermo A., and Carmen M. Reinhart, 2002. Fear of Floating. *Quarterly Journal of Economics* 117 (2): 379-408.

Carstens, Agustin, 2022. The Return of Inflation. Speech at the International Center for Monetary and Banking Studies, Geneva, Switzerland, 5 April. https://www.bis.org/speeches/sp220405.pdf

Caruana, Jaime, 2012. Policy Making in an Inter-connected World, Federal Reserve Bank of Kansas City. http://www.kansascityfed.org/publications/research/escp/escp-2012.cfm

Cesa-Bianchi, Ambrogio, Andrea Ferrero, and Alessandro Rebucci, 2018. International Credit Supply Shocks. *Journal of International Economics* 112:219-237.

Cetorelli, Nicola, and Linda S. Goldberg, 2012. Banking Globalization and Monetary Transmission. *Journal of Finance* 67 (5): 1811-1843.

Cheng, Ing-Haw, Sahil Raina, and Wei Xiong, 2014. Wall Street and the Housing Bubble. *American Economic Review* 104 (9): 2797-2829.

参考文献

Acharya, Viral, Rahul Chauhan, Raghuram Rajan, and Sascha Steffens, 2022. Liquidity Dependence: Why Shrinking Central Bank Balance Sheets Is an Uphill Task, paper presented at the Federal Reserve Bank of Kansas City's Jackson Hole Symposium, Jackson Hole, WY, 27 August.

Acharya, Viral, Tim Eisert, Christian Eufinger, and Christian Hirsch, 2019. Whatever It Takes: The Real Effects of Unconventional Monetary Policy. *Review of Financial Studies* 32 (9): 3366–3411.

Acharya, Viral, and Raghuram Rajan, 2022. Liquidity, Liquidity Everywhere, Not a Drop to Use: Why Flooding Banks with Central Bank Reserves May Not Expand Liquidity, NBER Working Paper 29680.

Adrian, Tobias, and Hyun Song Shin, 2010. Liquidity and Leverage. *Journal of Financial Intermediation* 19:418–437.

Adrian, Tobias, and Hyun Song Shin, 2012. Procyclical Leverage and Value-at-Risk, Federal Reserve Bank of New York Staff Report 338. http://www.newyorkfed.org/research/staffreports/sr338.html

Alter, Adrian, and Selim Elekdag, 2020. Emerging Market Corporate Leverage and Global Financial Conditions. *Journal of Corporate Finance* 62:101590. https://doi.org/10.1016/j.jcorpfin.2020.101590

Barroso, Joao, Luis Pereira da Silva, and Adriana Sales, 2016. Quantitative Easing and Related Capital Flows into Brazil, Measuring Its Effects and Transmission Channels through a Rigorous Counterfactual Evaluation. *Journal of International Money and Finance* 67:102–122.

Baskaya, Yusuf Soner, Julian di Giovanni, Sebnem Kalemli-Ozcan, and Mehmet Fatih Ulu, 2022. International Spillovers and Local Credit Cycles. *Review of Economic Studies* 89 (2): 733–773.

Becker, Bo, and Victoria Ivashina, 2015. Reaching for Yield in the Bond Market. *Journal of Finance* 70 (5): 1863–1902.

Bergant, Katharina, Prachi Mishra, and Raghuram Rajan, 2023, Crossborder Spillovers: How US Financial Conditions affect M&As Around the World, working paper, University of Chicago.

Bernanke, Ben S., 2015. Federal Reserve Policy in an International

マ行

ラ行

サ行

タ行

ナ行

ハ行

索引

[著者]

ラグラム・ラジャン（Raghuram Rajan）
シカゴ大学ブース・スクール・オブ・ビジネス教授。1991年にMITでPh.D.（Economics）を取得。2003～6年国際通貨基金（IMF）のチーフエコノミスト及び調査局長。2013～16年インド準備銀行総裁を務める。専門は銀行論。著書に『セイヴィング キャピタリズム』（ルイジ・ジンガレスとの共著。慶應義塾大学出版会）、『フォールト・ラインズ』（新潮社）、『第三の支柱』（みすず書房）などがある。

[訳者]

北村礼子（きたむら・あやこ）
慶應義塾大学文学部卒（英米文学専攻）。ニューヨーク市立大学留学を経て翻訳に従事、訳書に『アメリカ70年代』（共訳、国書刊行会）などがある。

[解説者]

小林慶一郎（こばやし・けいいちろう）
慶應義塾大学経済学部教授。キヤノングローバル戦略研究所研究主幹、経済産業研究所ファカルティフェローなどを兼任。1998年にシカゴ大学Ph.D.（Economics）取得。専門はマクロ経済学。著書に『日本経済の罠』（共著、日本経済新聞出版）、『時間の経済学』（ミネルヴァ書房）、『日本の経済政策』（中公新書）などがある。

苦悶する中央銀行
——金融政策の意図せざる結果

2024年10月25日　初版第1刷発行

著　者————ラグラム・ラジャン
訳　者————北村礼子
発行者————大野友寛
発行所————慶應義塾大学出版会株式会社
〒108-8346　東京都港区三田2-19-30
TEL〔編集部〕03-3451-0931
〔営業部〕03-3451-3584〈ご注文〉
〔　〃　〕03-3451-6926
FAX〔営業部〕03-3451-3122
振替　00190-8-155497
https://www.keio-up.co.jp/
装　丁————米谷豪
ＤＴＰ————アイランド・コレクション
印刷・製本——中央精版印刷株式会社
カバー印刷——株式会社太平印刷社

Printed in Japan ISBN 978-4-7664-2990-9

慶應義塾大学出版会

セイヴィング キャピタリズム

ラグラム・ラジャン＋ルイジ・ジンガレス著／
堀内昭義・アブレウ聖子・有岡律子・関村正悟訳

自由な金融市場の重要性を強調しつつ、国際比較や歴史的視点を踏まえ、資本主義市場がしばしば政治的に歪められてしまう原因を明らかにした、米国でベストセラーの翻訳。

A5判／上製／450頁
ISBN 978-4-7664-1168-3
定価 3,850円（本体 3,500円）

◆目次◆